FALTPLAN

»Schreiben Sie uns!

Wir hoffen, dass Ihnen dieser Reiseführer gefällt und er Ihnen ein guter Begleiter auf einer außergewöhnlichen und spannenden Reise ist.

Weil ein Reiseführer von Erfahrungen lebt, sind wir an Ihren Erlebnissen interessiert: Haben Sie im Buch ein Restaurant entdeckt, das es nicht mehr gibt, eine Sehenswürdigkeit, die wir noch nicht aufgeführt haben, oder eine falsche Adresse? Dann schreiben Sie uns!

Wir nehmen jeden Hinweis und jede Kritik ernst und arbeiten kontinuierlich daran, die Bücher aktuell zu halten und immer weiter zu verbessern. Auch wenn wir nicht jeden Wunsch erfüllen können, machen wir uns immer Gedanken über Ihre Anmerkungen.

Schreiben Sie an: info@reise-know-how.de oder Reise Know-How Verlag Peter Rump GmbH, Postfach 140666, 33626 Bielefeld

Wenn sich Ihre Infos direkt auf das Buch beziehen, bitten wir um die Angabe der Seitenzahl und der Auflagennummer bzw. des Erscheinungsjahres. Besonders hilfreiche Beiträge belohnen wir mit einem Sprachführer Ihrer Wahl aus unserer „Kauderwelsch"-Reihe.

Herzlichen Dank und gute Reisen

Ihr Reise Know-How Verlag

Diesem Buch wurde hier ein herausnehmbarer Faltplan beigefügt.
Sollte er beim Erwerb des Buches nicht mehr vorhanden sein, fragen Sie bitte bei Ihrem Buchhändler nach.

Liebe Leserin, lieber Leser,

ein unabhängiger Verlag für unabhängig Reisende – das sind wir, der Reise Know-How Verlag aus Bielefeld, eines der letzten Familienunternehmen in der Branche. Obwohl wir zu den größten Reiseführerverlagen Deutschlands gehören, ist der familiäre Umgang miteinander in allen Bereichen des Verlagslebens zu spüren: In der Geschäftsführung in zweiter Generation, in einer wertschätzenden Arbeitsatmosphäre, in der Nähe zu unseren frei arbeitenden Autorinnen und Autoren, im engen Austausch mit unseren Leserinnen und Lesern – und auch in der Zusammenarbeit mit Druckereien in Deutschland, in denen wir ausschließlich und regional unsere Bücher produzieren. Die sollen schließlich erst mit Ihnen auf große Reise gehen.

Alles, was wir in unsere Bücher und Landkarten stecken, soll Ihnen eines ermöglichen: Auf Ihre ganz eigene, individuelle Weise die Welt zu entdecken. Wir wünschen Ihnen viel Freude und unvergessliche Erlebnisse mit diesem Reiseführer.

Es grüßen herzlich
Peter Rump & Wayan Rump

Bordeaux – fit für die Zukunft

Die Hauptstadt Aquitaniens liegt inmitten einer berühmten Weinregion am Ufer der Garonne. Mit ihrer Mischung aus französischem Großstadtflair und dem Charme einer überschaubaren Provinzstadt hat sie sich viele Fans und vordere Plätze in Städterankings erworben.

Die glanzvolle Promenade am Flussufer (s. S. 12), die eleganten Bauten aus dem 18. Jh., eine fast autofreie Altstadt mit vielen hübschen Plätzen und stimmungsvollen Gassen (s. S. 54), eine mächtige Kathedrale 8, eines der schönsten Theater 15 des Landes und der größte unbebaute Platz Frankreichs 16 – längst macht die Stadt selbst Paris Konkurrenz. Nicht nur Gastronomen, Kreative und Studierende locken die urbane Lebensart und die alternative Atmosphäre hierher – seit es mit dem Schnellzug TGV kaum mehr als zwei Bahnstunden bis nach Paris sind, gefällt es hier im Südwesten Frankreichs immer mehr neu Zugezogenen, die dafür sogar das Pendeln in die Hauptstadt in Kauf nehmen. Nicht zuletzt sammelt Bordeaux Pluspunkte als Weinmetropole (s. S. 52) und UNESCO-Weltkulturerbe (s. S. 24).

Das beschert der Stadt eine ungeheure Dynamik. Allerorten wird gebaut. So entstanden rund um das ehemalige Hafenbecken im Stadtteil Bacalan (s. S. 39) auf riesigen Flächen neue Wohnquartiere. Mit der Cité du Vin (s. S. 42) fand dort ein neues architektonisches Wahrzeichen Platz, in einen monumentalen U-Boot-Bunker zog mit den Bassins des Lumières eine spektakuläre digitale Kunstshow ein (s. S. 44). Auch das Euratlantique-Viertel zwischen Bahnhof und Garonne ist mit Bürobauten und Unternehmenssitzen eines der großen Stadtentwicklungsprojekte Frankreichs (s. S. 72). Dazu gehört mit dem Kulturzentrum La MÉCA (s. S. 60) ein weiterer architektonischer Höhepunkt. Nicht weniger gigantisch sind die Immobilienprojekte im aufstrebenden Stadtviertel La Bastide am rechten Ufer des Flusses (s. S. 6) – der Masterplan „Bordeaux 2030“ (s. S. 96) soll einen nachhaltigen Stadtumbau fördern und die urbane Infrastruktur von morgen schaffen.

Die Autorin

Gabriele Kalmbach lebt in Köln und arbeitet als Autorin, Übersetzerin und Redakteurin. Ihre Schwerpunkte sind kulinarische Themen und Reisebücher. Im Reise Know-How Verlag sind von ihr die Stadtführer „Paris“ und „Stuttgart“ sowie zwei Französisch-Sprachführer erschienen. In Frankreichs Städten von Straßburg über Paris und Lyon bis Bordeaux verbringt sie jedes Jahr mehrere Wochen – und wenn es mal keine Städtetour sein soll, geht es zum Wandern in den Bergen und Schwimmen im Meer bevorzugt in die Auvergne oder die Ardèche, an die Atlantikküste oder nach Korsika.

099bd-gk

Bordeaux auf einen Blick

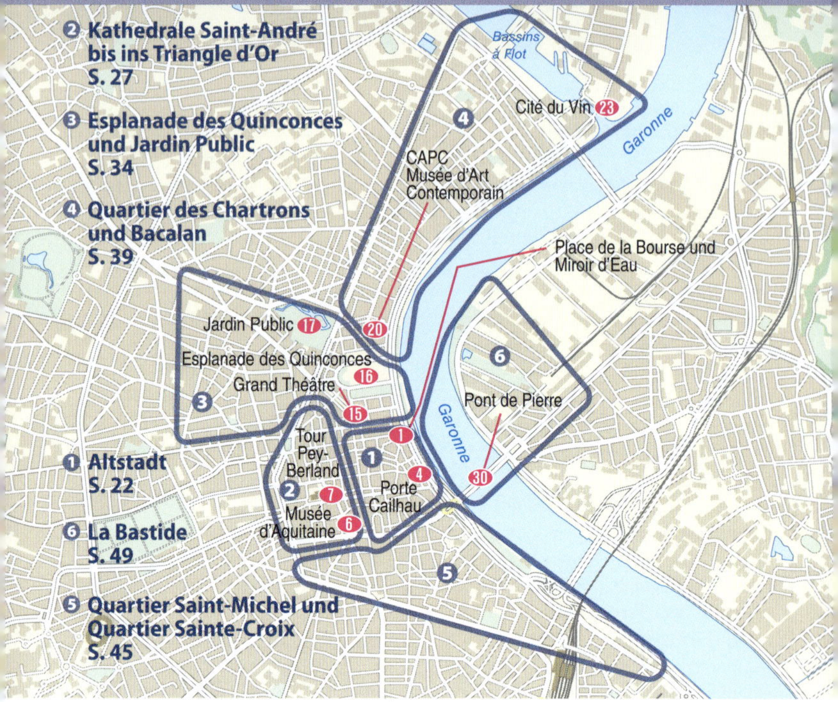

Cleveres Nummernsystem

Die Sehenswürdigkeiten sind im Text und im Kartenmaterial mit derselben **magentafarbenen ovalen Nummer** 1 markiert. Alle anderen Lokalitäten wie Geschäfte, Restaurants usw. tragen ein **Symbol und eine fortlaufende rote Nummer** (1). Die Liste aller Orte und die Zeichenerklärung befinden sich im Anhang.

Der Schmetterling …

… zeigt an, wo man Angebote im Bereich des nachhaltigen Tourismus findet.

Bewertung der Sehenswürdigkeiten

★★★ nicht verpassen
★★ besonders sehenswert
★ wichtig für speziell interessierte Besucher

Planquadrat im Kartenmaterial

[A1] Orte ohne diese Angabe liegen außerhalb unserer Karten. Ihre Lage kann aber wie die aller Ortsmarken mithilfe der begleitenden Web-App angezeigt werden (s. Anhang).

Updates zum Buch

www.reise-know-how.de/
citytrip/bordeaux24

Vorwahlen

- für Frankreich: 0033

Bei Anrufen nach Frankreich wählt man die 0033 und die 9-stellige Nummer des Gesprächspartners (ohne die 0 am Anfang). Innerhalb Frankreichs wählt man die 10-stellige Nummer, die stets mit einer 0 beginnt.

⊳ In die monumentale Architektur des Kulturzentrums La MÉCA (s. S. 60) ist eine Hermes-Bronzeskulptur von Benoît Maire eingebettet (Abb.: 092bd-gk)

NICHT VERPASSEN!

1 Place de la Bourse und Miroir d'Eau [E4]
Vor der Place de la Bourse sorgt der „Wasserspiegel" für schönste Fotomotive. Besonders eindrucksvoll ist er bei nächtlicher Beleuchtung (s. S. 22).

4 Porte Cailhau [E5]
Den schönsten Blick auf das imposante spätmittelalterliche Stadttor bieten die Caféterrassen auf der Place du Palais (s. S. 25).

6 Musée d'Aquitaine [D6]
Das Museum vermittelt einen umfassenden und anschaulichen Überblick über die Geschichte Südwestfrankreichs (s. S. 27).

7 Tour Pey-Berland [C6]
Der freistehende Glockenturm aus dem 15. Jahrhundert bietet einen spektakulären Blick auf die Kathedrale und die Dächer von Bordeaux (s. S. 28).

16 Esplanade des Quinconces [D3]
Der Platz mit dem Monument des Girondins beeindruckt durch seine enorme Weitläufigkeit (s. S. 34).

17 Jardin Public [C2]
Ein Park zum Träumen und Entspannen – gepflegte Liegewiesen und alter Baumbestand machen die große Grünanlage zum Ort der Erholung (s. S. 36).

20 CAPC – Musée d'Art Contemporain [D2]
Die Kunst der Gegenwart wird in einem imposanten, denkmalgeschützten ehemaligen Kolonialwarenlager präsentiert (s. S. 40).

23 Cité du Vin [df]
Die Welt des Weins wird hier als spielerischer Multimedia-Parcours für alle Sinne inszeniert (s. S. 42).

30 Pont de Pierre [F5]
Ein Spaziergang auf der Uferpromenade der Garonne zählt zu den Highlights in Bordeaux. Die älteste Brücke der Stadt wurde von Napoleon in Auftrag gegeben und wirkt mit ihren 17 Bögen ausgesprochen elegant (s. S. 49).

BORDEAUX ENTDECKEN

002bd-gk

Willkommen in Bordeaux

In der altehrwürdigen Weinmetropole mit UNESCO-Welterbe-Status weht ein frischer Wind. Das moderne Bordeaux gibt sich jung, weltoffen und grün und mit dem Strukturplan „Bordeaux 2030" macht sich die Stadt an der Garonne fit für die Zukunft.

Die **Altstadt** zieht ein junges Publikum an, die eleganten Fassaden sorgen für Flair, und mit den angesagten **Bars** und zahllosen **Caféterrassen** stellt sich schnell Urlaubsstimmung ein. Die gelebte **Wein- und Esskultur** demonstriert Savoir-vivre und wem Einkaufen Spaß macht, der findet originelle **Boutiquen** jenseits weltweit vertretener Ketten. Dem lebensfrohen Charme von Bordeaux kann man sich kaum entziehen – kein Wunder, dass die Stadt sich zu einem attraktiven Reiseziel entwickelt hat. Mit zeitgenössischer Architektur und ganz neuen Stadtvierteln stellt Bordeaux zudem unter Beweis, dass man nicht nur das historische Erbe pflegt.

Die Quais

Durch die großartige Neugestaltung der **Promenade entlang der Garonne** hat die Stadt ihre Flussufer zurückerobert. Nicht nur optisch sind die Anlagen eine spektakuläre Aufwertung, auch wenn die schöne Bepflanzung und Beleuchtung sicherlich kostspielig waren. Die Stadt dreht ihrem Fluss nicht mehr den Rücken zu und Einheimische wie Besucher nutzen den neu geschaffenen Freiraum so selbstverständlich, dass die Quais geradezu die „Ramblas" von Bordeaux geworden sind – ein öffentlicher Raum von unschätzbarer Lebensqualität.

Die Stadtviertel

Zwischen der riesigen Esplanade des Quinconces, der Place de la Comédie und der Place Gambetta liegt das **Triangle d'Or**, der vornehmste Teil der Innenstadt mit schicken Boutiquen und exklusiven Markenläden am Cours de l'Intendance und rund um die Place des Grands Hommes [C4] und das Grand Théâtre ⓯.

Saint-Pierre, die Altstadt rund um die gleichnamige Kirche, ist das Ausgehviertel mit gleich mehreren hübschen belebten Plätzen und zahllosen Restaurants. Place du Parlement, Place Saint-Pierre ❸, Place Camille Jullian und das malerische Gassenge-

006bd-gk

◁ *Über die Dächer ragen die Porte de la Grosse Cloche* ❺ *und der Glockenturm von Saint-Michel* ㉖

« *Vorseite: Fotogene Spiegeleffekte – Place de la Bourse und Miroir d'Eau* ❶

wirr rundherum sind weitestgehend Fußgängerbereich – ideal zum Bummeln und Schlendern mit zahlreichen netten Lokalen und kleinen Geschäften mit originellem Sortiment. Weil Saint-Pierre auch der touristische Teil von Bordeaux ist, reicht das kulinarische Angebot dort vom Burger bis zur Gourmetküche auf Sterneniveau.

Fast ebenso belebt und im Aufschwung begriffen ist das Quartier **Saint-Eloi:** In dem von schmalen Gassen und Renaissancebauten geprägten Teil der Altstadt rund um die Porte de la Grosse Cloche 5 und die Rue Saint-James herrscht ein wenig lässige Village- und Bohème-Atmosphäre.

Beide Viertel begrenzt im Westen die lange Einkaufsstraße Rue Sainte-Catherine. Jenseits dieser Achse finden sich rund **um die Kathedrale Saint-André** 8 mit dem freistehenden Glockenturm Tour Pey-Berland 7 zahlreiche sehenswerte Museen und geschäftige Einkaufsstraßen wie die Rue des Trois Conils, die Rue des Remparts, die Rue Cheverus und die Rue de la Porte Dijeaux.

Im Süden der Altstadt bilden die beiden noch nicht „durchrenovierten" Quartiere **Saint-Michel** und **Sainte-Croix** (jeweils rund um die gleichnamigen Kirchen) mit ihrer multikulturellen Mischung aus Immigranten, Künstlern und Studenten kreative Enklaven. Dieser ruhigere Teil der Altstadtviertel belebt sich vor allem samstags, wenn rund um die Place Canteloup und Marché des Capucins 28 der Wochenmarkt abgehalten wird und sich die Caféterrassen ringsherum füllen.

Das **Quartier des Chartrons** grenzt im Norden an die Esplanade des Quinconces 16. Einst Hochburg der Weinhändler und heute Viertel der Antiquitätenhändler und Galerien, Künstlerateliers und Designerboutiquen, Bioläden und kleinen Bistros, wirkt das Quartier wie eine ruhige und schicke Kleinstadt in der Stadt. Nördlich grenzt daran **Bacalan**, das Viertel rund um die ehemaligen Hafenbecken Bassins à flot 24, in dem ein weitläufiges neues Wohnquartier entstanden ist und wo die **Cité du Vin** 23, das **Musée de la Mer et de la Marine** (s. S. 59), die **Bassins des Lumières** (s. S. 44) und eine Markthalle eröffnetet haben.

Rund um die **Place de la Victoire** 29 am südlichen Ende der Rue Saint-Catherine und des Zentrums ist Bor-

007bd-gk

Hübsches Plätzchen mit Blick auf die Porte Cailhau 4: die Place du Palais

deaux studentisch geprägt – einige Universitätsgebäude grenzen unmittelbar an den Platz, der sich abends zum Ausgehtreff wandelt.

Das **Rive Droite** auf der anderen Flussseite fängt gerade an, sich zum neuen Trendviertel zu mausern. Lange war der Bastide genannte Stadtteil links liegen gelassen worden, doch nun ist er im Aufwind begriffen. Mit dem Parc aux Angéliques 31 und dem Botanischen Garten 32 hat das rechte Ufer auch viel Grün zu bieten.

Zu Fuß und mit dem Rad

Bordeaux ist eine Stadt zum Spazieren, Flanieren und Radeln – im Zentrum liegt vieles recht dicht beieinander und mit den günstigen Tickets für die Tram springt man einfach auf, wenn die Füße doch müde werden. Mit Straßenbahn und Leihrädern, Bootsshuttle und Elektroautos setzt Bordeaux ganz auf **sanfte Verkehrsmittel** und **Slow Tourism** – was die Besucher begeistert annehmen.

Fast alle Sehenswürdigkeiten konzentrieren sich am linken Ufer, doch über die Garonne-Brücke Pont de Pierre 30 ist es auch auf die andere Flussseite nur ein Katzensprung.

Kurztrip nach Bordeaux

Es gibt viele Gründe dafür, einen Kurztrip nach Bordeaux zu planen: Das **historische Stadtzentrum** zählt zum UNESCO-Weltkulturerbe, schicke **Bistros** und **Weinbars** laden Foodies und Liebhaber edler Tropfen zum Genießen ein, die Einwohner sind für ihre **„Art de Vivre“** bekannt und ihre Vorliebe für die guten Dinge des Lebens. **Shoppingadressen** für jeden Geldbeutel verlocken zum Einkaufen und außer sehenswerten **Museen** gibt es ein tolles **Kulturprogramm.** Und nicht zuletzt ist die Hauptstadt Aquitaniens einfach wunderschön und unwiderstehlich.

1. Tag

Vormittags

Statt im Hotel zu frühstücken, kann man sich besser gleich zur Erkundung von Bordeaux aufmachen. Den Kaffee zum Wachwerden und dazu ein Croissant gibt es einfach auf der

Die Place du Parlement [D5], einer von vielen schönen Plätzen in der Altstadt

003bd-gk

Das gibt es nur in Bordeaux

- **Miroir d'Eau:** Der „Wasserspiegel" an der Place de la Bourse (1) fasziniert Groß und Klein. In regelmäßigen Abständen wird Wasser auf eine große Fläche mit Granitplatten geleitet. Der außergewöhnliche Spiegeleffekt und der aufsteigende Sprühnebel sorgen für Bordeaux' schönstes Fotomotiv.
- **Cannelé:** Innen weich, außen knusprig – die Minikuchen, auch Canelé geschrieben, sind eine lokale Spezialität mit knuspriger Karamellkruste und luftigem, mit Rum und Vanille aromatisiertem Teig. Traditionell werden sie in Kupferförmchen gebacken, in der Form ähnlich einem winzigen Guglhupf, die kleinsten nur fingerhutgroß.
- **Die Venus von Laussel:** Die 25.000 Jahre alte Frauenfigur, ein Halbrelief aus Kalkstein, ist im Musée d'Aquitaine (6) zu sehen. In der Hand hält die Frau ein Horn mit 13 Einkerbungen. Spuren von roter Farbe weisen darauf hin, dass die Figur einst bemalt war, doch die tiefere Bedeutung des prähistorischen Kunstwerks bleibt unbekannt.
- **Bassins des Lumières:** Die von den Deutschen während des Zweiten Weltkriegs und der Besetzung Frankreichs gebaute U-Boot-Basis an den Hafenbecken Bassins à flot bildet heute den spektakulären Rahmen für immersive Ausstellungen. Im gigantischen Bunker können Besucher durch projizierte digitale Kunstwerke schlendern. Die Lichtshow spiegelt sich im Wasser der Becken, was die magische Atmosphäre noch verstärkt (s. S. 44).
- **Cité du Vin:** Die Erlebniswelt präsentiert den Wein mit moderner Multimediatechnik. An unterschiedlichen Stationen kann man die Nuancen von Weinaromen erschnuppern, über die Anbaugebiete der Welt schweben, spielerisch sein Weinwissen vertiefen oder virtuell in die Geschichte des Weinhandels eintauchen; außerdem Wein verkosten, Wein einkaufen, über Wein lesen oder den Ausblick aus der Weinbar genießen (s. S. 42).

Der Miroir d'Eau (1) an einem heißen Sommertag

004bd-gk

nächsten einladenden Caféterrasse, zum Beispiel im **Café Français** mit Blick auf die Kathedrale (s. S. 71).

Ein schöner Auftakt, um eine Stadt kennenzulernen, ist immer, von oben auf sie herabzuschauen. Über eine enge Wendeltreppe gelangt man hinauf zur Aussichtsplattform des **Tour Pey-Berland** 7 mit wunderbarer Aussicht über die Dächer der Stadt. Wer anschließend die **Kathedrale Saint-André** 8 umrundet, kann gleich zwei aufwendig mit Skulpturen geschmückte Portale an dieser größten und bedeutendsten Kirche von Bordeaux betrachten.

Falls der Stadtbummel an einem Wochenende stattfindet, geht es von der Place Pey-Berland mit der Tram bis zur **Place de la Victoire** 29. Dort ist der Obelisk aus rosa Marmor vor dem Triumphbogen ein dem Wein gewidmetes Kunstwerk, zu dem auch noch Schildkröten aus Bronze gehören. Eigentliches Ziel der Tramfahrt ist jedoch ein Markt: Samstags und sonntags ist der **Marché des Capucins** 28 in der überdachten Markthalle mit viel Andrang vor den rund 80 Ständen der nächste Anlaufpunkt, sonntags auch der große **Flohmarkt** vor der **Kirche Saint-Michel** 26.

Im „Capu“ bietet sich gleich die Gelegenheit für einen **Mittagsimbiss** mitten im Markttrubel, beispielsweise Austern bei **Chez Jean-Mi** (s. S. 64), Tapas, Sushi oder eine andere Leckerei an einem der Imbissstände.

Von der Markthalle aus gelangt man auf direktem Weg zur Kirche Saint-Michel (umgeben von weiteren Lokalen für den mittäglichen Appetit) und dahinter gleich ans Flussufer. Die **Uferpromenade** ist das Schmuckstück der gelungenen Stadterneuerung von Bordeaux – zu Fuß passiert man entlang der Quai des Salinières, Quai Richelieu und Quai de la Douane in nördlicher Richtung die **Pont de Pierre** 30 und die **Porte de Bourgogne** 25, die **Porte Cailhau** 4 und die **Place de la Bourse** 1. An Letzterer ist der „Wasserspiegel“ **Miroir d'Eau** eines der Highlights von Bordeaux und findet Anklang bei Groß und Klein. Der Spiegeleffekt zählt bei Hobby- wie Profifotografen zu den beliebtesten Motiven in Bordeaux.

Nachmittags und abends

An der Place de la Bourse 1 startet der auf Seite 14 beschriebene **Stadtrundgang**, bei dem man die **Altstadt** erkundet, die man am Vormittag fast schon umrundet hat. In den Gassen und an den Plätzen, die man

001bd-gk

Tour Pey-Berland 7 *mit Bronzestatue Jacques Chaban-Delmas', dem früheren Bürgermeister Bordeaux'*

005bd-gk

dabei kennenlernt, herrscht kein Mangel an Lokalen, Eisdielen und Cafés – nur nach 14.30 Uhr noch etwas Warmes zu essen zu bekommen, wird schwierig. Dafür sind in den historischen Gassen und Straßen viele hübsche Geschäfte zu entdecken.

Auf dem Rückweg lohnt es sich, den Stadtrundgang am Cours du 30 Juillet zu unterbrechen, um zum Apéro in die **Bar à Vin** (s. S. 76) gegenüber dem Office de Tourisme (s. S. 114) einzukehren – dort kann man Weine wechselnder Winzer glasweise probieren – oder sich an der Place de la Comédie in der Brasserie Le Bordeaux (s. S. 20) des Grand Hôtel mit Blick auf das grandiose **Grand Théâtre** 15 auf einen Cocktail niederzulassen. Wer dort vorab Karten für eine Opernaufführung reserviert hat, kann sich auf einen gelungenen Abend freuen. Wer lieber ins **Restaurant** gehen möchte, dem sei das **Chez Dupont** (s. S. 66) im Chartrons-Viertel ans Herz gelegt, für das eine Reservierung aber nicht weniger notwendig ist.

Falls das Wetter mitmacht, kann der Abend später in der Rooftop-Bar auf dem Dach des **Mama Shelter** (s. S. 75) ausklingen oder unten im Erdgeschoss des Hotels, wo über einer weiteren Bar bunte Nichtschwimmerreifen hängen.

2. Tag

Das Frühstück in der **Orangerie** (s. S. 72) im Jardin Public 17 findet mit Blick auf das Grün des Parks statt, bevor man mit dem Leihrad zur **Radtour** aufbricht. Eine schöne Route führt zum **CAPC** 20, dem Museum für moderne Kunst, und auf der Rue Notre-Dame zunächst durch das Chartrons-Viertel und dann ein Stück am Garonne-Ufer entlang bis zur **Cité du Vin** 23, einem modernen Wahrzeichen von Bordeaux. Nach einem

Ein Ort zum Entspannen: die Orangerie (s. S. 72) im Jardin Public 17

Mein Tipp

Bordeaux Métropole City Pass

Das **Pauschalangebot** für ein, zwei oder drei Tage umfasst die kostenlose Nutzung von Tram, Bus und Fluss-Shuttle, kostenlosen Eintritt in 15 Museen und Monumente, eine Gratisrundfahrt mit dem offenen Bus (Mi. oder Sa.), die Gratisführung „Welterbe Bordeaux“ und Rabatte bei einigen Ausflugszielen.

Der Pass zu 34 €, 44 € oder 50 € ist erhältlich im Office de Tourisme (s. S. 114), bei den TBM-Verkaufsstellen des öffentlichen Nahverkehrs an der Place Gambetta, der Place des Quinconces und im Gare Saint-Jean sowie online unter

› www.visiter-bordeaux.com/de/bordeaux-citypass.html

Blick von der Aussichtsterrasse gelangt man über die gigantische **Pont Chaban-Delmas,** von den Einwohnern auch „Baba“ genannt, weil sie die Stadtteile **Ba**calan und **Ba**stide verbindet, auf das rechte Flussufer.

In südlicher Richtung führt die Tour durch noch im Entstehen begriffene Parkanlagen, vorbei am **Darwin** (s. S. 51) in einer umfunktionierten Kaserne und am **Jardin Botanique** (32) zur **Pont de Pierre** (30) und zurück auf das linke Ufer.

In einer Stadt, die so nah am Atlantik liegt, kommen Fisch und Meeresfrüchte in erfreulicher Frische auf den Tisch. Das **Le Petit Commerce** (s. S. 68) in der Altstadt offeriert auf einer Schiefertafel eine große Auswahl wechselnder Gerichte – je nach Tagesfang.

Für den gemütlichen Ausklang am Abend eignet sich eine der Weinbars in der Altstadt oder die Terrasse des **Chez Fred** (s. S. 74) mit Blick auf die beleuchtete **Porte Cailhau** (4).

Stadtspaziergang

Startpunkt der Entdeckungstour (für die man mit Turmaufstieg und ausgedehnter Kaffeepause etwa vier Stunden rechnen sollte) ist die **Esplanade des Quinconces** (16). Sie verdankt ihren Namen den Alleen „en quinconces“, also versetzt angepflanzten Bäumen, die den weitläufigen Platz an den beiden Längsseiten einfassen. Einst stand hier auf Anordnung der französischen Könige das Château Trompette, eine Festung, die Bordeaux zwar im Angriffsfall verteidigen sollte, deren Kanonen aber auch gegen die Stadt gerichtet werden konnten, um sie im Fall eines Konflikts mit der Zentralmacht in Paris in Schach halten zu können.

Das **Girondistendenkmal** auf dem riesigen Platz ist nicht nur ein beliebter Treffpunkt, hier scheint sich auch jeder Bordeaux-Besucher mindestens einmal vor dem Brunnen für ein Foto in Szene setzen zu wollen. Bevor man sich der Garonne zuwendet, kann man sich im Office de Tourisme (s. S. 114) über Ausflugsmöglichkeiten und das aktuelle Kulturprogramm informieren oder gleich Tickets buchen.

Wer vom **Quai Louis XVIII** bis zur Place de la Bourse am Flussufer entlangspaziert, kann sich vom Wandel der Stadt überzeugen: Bordeaux hat sich den Zugang zum Wasser zurückerobert. Schmuckstück der zahlreiche weitere Projekte umfassenden Metamorphose ist die Uferpromena-

Routenverlauf im Stadtplan

Der hier beschriebene Spaziergang ist mit einer farbigen Linie im Stadtplan eingezeichnet.

de entlang der Garonne. Tagsüber wirkt sie durch die aufwendige Bepflanzung wie ein urbaner Garten vor historischer Kulisse, im Dunkeln durch die stimmungsvolle Beleuchtung wie ein romantischer Spazierweg am Wasser. Im Sommer wird hier unter freiem Himmel getanzt, abends wandeln sich Bänke und Rasenflächen zu geselligen Picknickplätzen.

Die **Place de la Bourse** ❶ ist als Fotomotiv mindestens so beliebt wie der Brunnen am Girondistendenkmal – was vor allem den tollen Spiegeleffekten des Miroir d'Eau geschuldet ist. Die Anlage ist ein echter Geniestreich: kein klassischer Brunnen, sondern eine große Fläche, auf die in Intervallen Wasser strömt. Auf der Wasseroberfläche scheint sich die grandiose Platzanlage zu verdoppeln, der Sprühnebel sorgt für tolle Effekte. An heißen Tagen herrscht Tumult ringsherum – während die einen barfuß durchs Wasser marschieren, versuchen andere, zwischen all den planschenden Kleinkindern noch ein Selfie hinzubekommen.

In einem der klassizistischen Gebäude an der Place de la Bourse gibt das **Musée des Douanes** ❷ mit Uniformen und Waffen, Dokumenten und Gemälden einen Überblick über die Geschichte der Zollbehörde in Frankreich.

Gleich hinter der eleganten Häuserzeile am Wasser befindet sich die Altstadt mit teils kopfsteingepflasterten Gassen, hübschen Plätzen und

MEIN TIPP

Welterbe-Flusstour

Die schöne Stadtfront von Bordeaux lässt sich auch vom Wasser aus erkunden. Mehr als ein halbes Dutzend Schifffahrtsgesellschaften bieten „balades fluviales" an, Ausflüge auf der Garonne. So startet beispielsweise das Elektroboot „Sirius" zur „Unesco Circuit", einer Fahrt durch die UNESCO-Weltkulturerbestadt (weitere Anbieter s. S. 123).

- **174** [E2] **Elektroboot Sirius,** Start vor 24 quai des Chartrons, Tel. 0556392766, https://lesbateauxbordelais.com, Tram B: CAPC Musée d'Art Contemporain

☐ *Auf dem Monument des Girondins (s. S. 36) zerreißt die Freiheit ihre Ketten*

Mein Tipp

Square Vinet

Ganz versteckt zwischen Rue Maucoudinat und Rue Cancéra liegt der kleine **Square Vinet** [D5], mehr ein begrünter Spielplatz als ein Minipark. Zu etwas Besonderem macht ihn der **vertikale Garten.** Star-Gartenarchitekt Patrick Blanc, der auch das Musée du Quai Branly in Paris, ein Penthaus in New York, die französische Botschaft in Delhi und viele andere Projekte weltweit spektakulär begrünte, ließ hier eine 100 Meter lange Mauer mit unterschiedlichstem Grün bepflanzen.

008bd-gk

Durch die Porte Cailhau 4 *gelangt man zur Place du Palais*

vielen Restaurants, Weinbars, Cafés und Eisdielen. Wo sich heute die engen Straßen zur idyllischen **Place Saint-Pierre** 3 vor der gleichnamigen Kirche öffnen, ankerten zur Römerzeit noch Schiffe: In der Antike lag der Hafen geschützt an einem Zufluss ein Stück landeinwärts von der Garonne. Bei Ausgrabungen wurde hier im 19. Jahrhundert eine in viele Teile zerbrochene Herkulesstatue entdeckt, die als einer der wichtigsten Funde aus der gallo-römischen Epoche in Frankreich gilt und heute im Musée d'Aquitaine 6 zu sehen ist. An Sommerabenden herrscht hier Trubel auf den zahlreichen Restaurant- und Barterrassen.

Die Rue des Argentiers, in der einst Silber- und Goldschmiede ihr Domizil hatten, führt zur Place du Palais mit der **Porte Cailhau** 4. Der Blick von den Caféterrassen auf das Stadttor ist tagsüber mindestens so attraktiv wie abends bei Beleuchtung stimmungsvoll. Wegen des ausgefeilten Lichtkonzepts gilt eigentlich für alle Monumente in Bordeaux gleichermaßen, dass ein Stadtrundgang in der Dämmerung einen ganz eigenen Reiz entfaltet.

Jenseits des Cours d'Alsace et Lorraine geht es in ein Viertel mit engen, kopfsteingepflasterten Gassen und schönen, alten Wohnhäusern, von denen viele aus der Zeit der Renaissance stammen – ein großer Kontrast zu der großzügig geplanten Bebauung aus dem 18. Jahrhundert rund um den Cours de l'Intendance und die Allées de Tourny.

Dort, wo Rue de la Porte Saint-Jean, Rue Ausone und Cours d'Alsace-Lorraine aufeinandertreffen, steht ein **Denkmal für Ausonius.** Der im römischen Burdigala, dem heutigen Bordeaux, geborene Dichter (310–

395 n. Chr.) und Staatsbeamte stieg zu hohen Ämtern auf. Kaiser Valentinian I. berief ihn um 365 als Lehrer und Erzieher seines ältesten Sohnes, des späteren römischen Kaisers Gratian, an den Hof nach Trier. Neben zahlreichen Gedichten ist das bekannteste Werk von Decimus Magnus Ausonius seine Reisebeschreibung der Mosellandschaft. Ausonius zu verdanken sind auch Äußerungen zum Weinbau in der Antike – er selbst besaß ein Weingut nahe Saint-Emilion.

Nur wenige Schritte weiter erinnert an der Ecke von Rue de la Rousselle und Impasse Fauré eine Plakette am Haus Nr. 23–25 an den nächsten berühmten Schriftsteller. An der Stelle der heutigen Häuser stand einst der Wohnsitz der Familie von **Michel Eyquem de Montaigne** (1533–1592), die auch ein Schloss außerhalb der Stadt besaß. Der als Verfasser der „Essais" berühmte Literat besuchte in Bordeaux die Schule, studierte hier Jura und war Ratsmitglied, bevor er sich zum Schreiben auf den Landsitz zurückzog. Jahrzehnte später berief die Stadt ihn in das Amt des Bürgermeisters, das er zwei Jahre lang bekleidete.

In der pittoresken Rue de la Rousselle erinnern die großen Portale daran, dass hier im Viertel vor allem Händler lebten, die auf getrockneten Fisch, Öl, Salz und Seife spezialisiert waren.

Durch die Rue du Puits Descazeaux mit Blick auf einen eleganten Treppenaufgang eines Stadtpalais aus dem 16./17. Jahrhundert an der Place Raymond Colom und durch die Rue Teulère gelangt man zur **Porte de la Grosse Cloche** 5, auch nach der benachbarten Kirche Porte Saint-Eloi genannt. Das Stadttor, dessen gewaltige Glocke nur zu besonderen Anlässen geläutet wird, erhielt seine Gestalt im 15. Jahrhundert. Nicht nur das Tor als Teil der einstigen Stadtbefestigung, auch der **Cours Victor Hugo** lässt die mittelalterliche Ausdehnung der Stadt erkennen, denn er folgt dem Verlauf der Stadtmauer.

Die **Rue Saint-James** hat sich zum „place to be" entwickelt und wird von hübschen Läden und Lokalen gesäumt: vom Coffeeshop bis zur trendigen Weinbar, von der Boutique mit nostalgischen Postern und Postkarten bis zum Gewürzladen. Früher stand an dieser Straße das Hôpital Saint-James, in dem Jakobspilger auf dem Weg nach Santiago de Compostela übernachteten. Eine in den Boden eingelassene Platte erinnert an den einstigen Standort. Auch der Straßenname kommt nicht aus dem Englischen, sondern vom gaskognischen James für „Jakob".

Wo sich die Straße zur kleinen **Place Fernand Lafargue** weitet, laden

Mein Tipp

Kleiner Abstecher

In der Impasse de la Rue Neuve [E6], die von der Rue Neuve abzweigt, steht das wohl älteste Wohnhaus von Bordeaux aus dem 13. Jahrhundert, das noch gotische Maßwerkfenster aufweist. Am Ende der Sackgasse lebte im **Hôtel de Carles** (auf Okzitanisch *Oustau de Carles*) einst als junges Mädchen Jeanne Lartigue. Sie wurde später die Ehefrau des Schriftstellers und Juristen Charles Louis de Secondat, Baron de la Brède et de Montesquieu, der in Bordeaux als Stadtrat tätig war. Der Nachwelt ist er bis heute als zweiter großer Denker aus Bordeaux und Verfasser des Werks „L'Esprit des Lois" („Vom Geist der Gesetze") ein Begriff.

010bd-gk

weitere Cafés und Bistros zur Rast ein, manche pflegen ein unkonventionelles Boheme-Flair, andere setzen auf das Interesse an exotischen Geschmackswelten. Im Mittelalter war dies der Platz für den Markt – und den Pranger.

Jenseits des Cours d'Alsace et Lorraine ist durch die Rue du Pas Saint-Georges gleich der nächste hübsche Platz erreicht, von denen Bordeaux einige aufzuweisen hat. An der **Place Camille Jullian** fungiert die ehemalige Kirche Saint-Siméon heutzutage als Programmkino, dessen Café Utopia (s. S. 71) Logenplätze mit Blick auf Platz und Fußgängerzone bietet.

Schon mitten im Geschäftsviertel, folgen wir vom Platz der Rue de la Merci und überqueren die Einkaufsmeile Rue Sainte-Catherine, die als Nord-Süd-Achse die ganze Altstadt durchschneidet und dem Verlauf des römischen Cardo (s. S. 22) entspricht. Über die nun Rue des Trois Conils genannte Fortsetzung der Rue de la Merci gelangt man zur Place Pey-Berland. Der 1440 erbaute **Tour Pey-Berland** 7, auf dessen gotischer Spitze die vergoldete Statue von Notre-Dame d'Aquitaine thront, steht ein ganzes Stück weit von der Kathedrale entfernt, da beide auf nicht sehr stabilem, feuchtem Untergrund erbaut wurden und man Schäden am Kirchenbau durch die Erschütterungen des Glockengeläuts befürchtete. Es lohnt sich, die vielen Stufen im Glockenturm hinaufzuklettern, denn der Ausblick von oben ist fantastisch.

Die im Wesentlichen gotische **Kathedrale Saint-André** 8, der größte und bedeutendste Sakralbau in Bordeaux, besitzt gleich zwei sehenswerte Portale mit reichem Skulpturenschmuck, das Königsportal und das Nordportal. In der Kirche vermählte sich Eleonore, die Herzogin von Aquitanien, im Jahr 1137 mit dem zukünftigen König von Frankreich, Ludwig VII. Dass sie nach der Annullierung dieser Ehe im Jahr 1152 Heinrich Plantagenet heiratete, den späteren König von England, führte zum Angevinischen Reich. Das Herrschaftsgebiet auf dem Kontinent reichte vom Ärmelkanal bis zu den Pyrenäen, denn Heinrich II. war zugleich Graf von Anjou und Herzog der Normandie. Es umfasste also das halbe heutige Frankreich und war deutlich größer als die französische Krondomäne. Mehr als drei Jahrhunderte blieb Bordeaux unter englischer Herrschaft. Die lehnsrechtlichen Territorialstreitigkeiten und Auseinandersetzungen um die Thronfolge in Frankreich führten ab 1337 zum Hundertjährigen Krieg, der erst im Jahr 1453 endete. Bordeaux fiel zurück an die französische Krone.

Maskarone (s. S. 98) nennt man diese für Bordeaux typischen Fassadenverzierungen

Seitlich begrenzt das **Palais Rohan** den weitläufigen Platz vor der Kathedrale. Ursprünglich als Sitz der Erzbischöfe erbaut, dient das Gebäude seit 1837 als Rathaus. Als Bürgermeister amtierte von 1995 bis 2019 fast ununterbrochen Alain Juppé im Hôtel de Ville, der maßgeblich am so gelungenen Umbau von Bordeaux beteiligt war.

Durch die **Rue Vital Carles**, vorbei an Frankreichs größter unabhängiger Buchhandlung **Mollat** (s. S. 87), und die Rue de la Porte de Dijeaux gelangt man zur **Porte Dijeaux** 13. Dieser 1750 erbaute Triumphbogen markiert den Standort eines früheren Stadttors: Wo sich heute die belebte **Place Gambetta** mit der kleinen Grünanlage in der Mitte erstreckt, lag jenseits der mittelalterlichen Stadt einst sumpfiges Gelände. Erst hier braust wieder der Autoverkehr und es wird dem Stadtbummler bewusst, in wie weitläufigen, allein den Fußgängern, Radfahrern und der Tram vorbehaltenen Bereichen man sich in Bordeaux bewegt.

Am nördlichen Ende der Place Gambetta zweigt nach rechts der breite **Cours de l'Intendance** ab. Wie mit dem Lineal gezogen durchschneidet er die Häuserzeilen. Unter Intendant Boucher neu angelegt, verläuft die von Geschäften der Luxusmarken gesäumte Straße parallel zur ehemaligen Stadtmauer. Im heute **Casa de Goya** (57 cours de l'Intendance) genannten Gebäude lebte einst der spanische Hofmaler, Lithograf und Radierer. Vier Jahre vor seinem Tod verließ Francisco José de Goya y Lucientes seine spanische Heimat – er starb 1828 in Bordeaux. Passenderweise residiert hier heute das spanische Kulturinstitut. Die sterblichen Überreste des berühmten Künstlers wurden dagegen Anfang des 20. Jahrhunderts nach Spanien überführt.

Nach links führt die Rue Voltaire auf die Place des Grands Hommes zu. In der gläsernen Fassade des **Marché des Grands Hommes** 14 spiegeln sich die Häuser rundherum. Mitten im Triangle d'Or gelegen, dem noblen Teil der Einkaufsviertel von Bordeaux, kann hier ein Schaufensterbummel um den runden Platz und in den Seitenstraßen teure Wünsche wecken.

Sehenswert sind auch die aufwendig geschmückten **Fassaden** der Hôtels de Verthamon, Pichon und Acquart (13, 4 und 5 cours de l'Intendance), Letzteres erkennbar an den überlebensgroßen Atlanten, die den Balkon zu stützen scheinen.

Nun heißt es aufgepasst: Wer den Cours de l'Intendance, den man

011bd-gk

☒ *Der Marché des Grands Hommes* 14 *im „Goldenen Dreieck"*

vom Markt über die Rue Voltaire erreicht, entlang der Schaufenster hinunterbummelt, sollte einen Blick in die **Passage Sarget** (19 cours de l'Intendance [C4]) werfen, deren Eingang leicht zu übersehen ist. Die glasüberdachte Galerie nach dem Vorbild Pariser Passagen – im Jahr 1833 von dem Privatmann Jean-Auguste Sarget finanziert – hat den Charme des 19. Jahrhunderts bewahrt. Die Einkaufspassage beherbergt einige hübsche Geschäfte, etwa eine kleine Hut-Boutique und Any'Teas (s. S. 58). Dieser Teesalon stellt auch ein paar Tischchen auf die Place du Chapelet am anderen Ende der Passage, der die **Kirche Notre-Dame** mit ihrem Bordelaiser Barock ein fast italienisches Gepräge gibt.

Nur wenige Schritte neben der Barockkirche liegt versteckt der Durchgang zur **Cour Mably.** Der Kreuzgang eines ehemaligen Dominikaner-Klosters diente im 18. Jahrhundert als Bibliotheksgebäude; heute finden im Kapitelsaal Ausstellungen statt. Wir werfen nur einen Blick hinein, kehren zur Rue Mably zurück und gelangen nach rechts durch die Rue Condillac zu den Allées de Tourny. Linkerhand liegt die nach dem Marquis benannte runde **Place de Tourny,** in deren Mitte eine Statue an den Intendanten Louis-Urbain-Aubert de Tourny erinnert. Im Gebäude (37 allées de Tourny) mit dem später angefügten Säulenperistyl hielt sich **Hölderlin** im Winter 1802 für kurze Zeit als Hauslehrer der Familie des Konsuls Meyer auf. Im Winter 1801 hatte sich der Dichter von Nürtingen aus zu Fuß nach Bordeaux aufgemacht. Von seiner „fatalen Reise" kam er gebrochen zurück, vollkommen erschöpft und erregt zugleich, „leichenblaß, abgemagert, von hohlem wildem Auge, langem Haar und Bart, und gekleidet wie ein Bettler", wie sein Stiefbruder notierte.

Die Prachtstraße **Allées de Tourny** fordert durch ihre Breite von 65 Metern zum Flanieren geradezu heraus. Mit vier Baumreihen bepflanzt, säumt sie auf einer Seite eine beeindruckende Häuserfront aus dem 18. Jahrhundert. Die Seite mit den ungeraden Hausnummern wurde erst später bebaut. Dem ursprünglichen Plan zufolge hätten allerdings alle Gebäude die gleiche Höhe haben sollen.

Benannt ist die Doppelallee nach dem Marquis de Tourny, unter dem sie im Jahr 1745 auch angelegt wurde. Im **Hôtel Gobineau,** dem fast wie ein Schiffsbug zulaufenden Gebäude an der Ecke zur Rue du 30 Juillet, residiert der Conseil Interprofessionel du Vin de Bordeaux (CIVB). Dort betreibt der Verband nicht nur eine Weinschule, in der Anfänger und Fortgeschrittene Wissenswertes über die Bordeaux-Weine erfahren, sondern auch die Bar à Vin (s. S. 76), in der man wechselnde Weine verkosten kann.

MEIN TIPP

Le Bordeaux Gordon Ramsay

Die Terrasse der Brasserie im Erdgeschoss des Grand Hotels bietet einen schönen Blick auf die belebte Place de la Comédie und die grandiose Oper. Auch wer nicht über das Budget verfügt, um hier oder im Zwei-Sterne-Restaurant des britischen Starkochs im ersten Obergeschoss die raffinierten, aber teuren Gerichte zu probieren, kann es sich außerhalb der Essenszeiten zumindest bei einem Aperitif gut gehen lassen.

1 [D4] **Le Bordeaux** €€€, Place de la Comédie, Tel. 0557304444, https://bordeaux.intercontinental.com/le-bordeaux, tägl. 7–22.30 Uhr

012bd-gk

Kulinarische Mitbringsel im Comptoir Bordelais (s. S. 58)

Am anderen Ende steht an der Place de la Comédie das **Grand Théâtre** ⑮, das nicht nur als Opernhaus von Bedeutung ist, sondern auch eines der architektonischen Schmuckstücke von Bordeaux. Die säulengeschmückte Fassade und die Balustrade mit den zwölf Statuen von Musen und Göttinnen lassen an einen Tempel denken – Architekt Victor Louis hatte einen Teil seines Studiums in Rom absolviert und seine Interessen galten der Antike.

Im Fünfsternehotel gegenüber steigen gern betuchte Bordeaux-Besucher ab. Das wie die Oper von dem Pariser Architekten Victor Louis erbaute **Grand Hôtel de Bordeaux** bietet hinter der klassizistischen Fassade allen erdenklichen Luxus mit nobler Dachterrasse, Spa und von Sternekoch Gordon Ramsay geführtem Gourmetrestaurant, mehreren Bars und Tea Room.

Ein kurzes Stück über den Cours du Chapeau Rouge, der entlang des Theaters und bis zur Garonne führt, und schon wenden wir uns wieder zur Altstadt hin. Der Name der Straße, Rue des Piliers de Tutelle, erinnert daran, dass sich in gallo-römischer Zeit dort, wo heute das Theater steht, das Forum befand. Das Schaufenster des **Comptoir Bordelais** (s. S. 58) verlockt zum Einkauf regionaler Spezialitäten.

Durch die denkmalgeschützte **Galerie Bordelaise** gegenüber, eine weitere glasüberdachte Passage aus den 1830er-Jahren mit dem gut sortierten Schuhgeschäft Michard Ardillier (s. S. 85), gelangt man zur **Rue Sainte-Catherine.** Gleich gegenüber residieren die Galeries Lafayette in einem historischen Gebäude, das im Jahr 1900 schon als Kaufhaus erbaut wurde – damals als „Grands Magasins Dames de France“.

An einem der schönsten Plätze von Bordeaux endet der Stadtbummel. Die charmante **Place du Parlement** hat niemals ein Parlament als Anrainer gesehen, sondern wurde in der zweiten Hälfte des 18. Jahrhunderts ursprünglich für einen Markt geplant. Der Platz bezaubert vor allem durch die harmonische Architektur rundherum – kaum zu glauben, dass zwei Gebäude erst 1870 und 1990 ergänzt wurden. Mit dem schönen Brunnen in der Mitte, dem hellen, sorgfältig restaurierten Kalksteinpflaster und den stets belebten Café- und Restaurantterrassen wirkt die Atmosphäre fast schon italienisch.

Die Altstadt

Quer durch alle Gassen zieht sich die **Rue Sainte-Cathérine,** die noch dem römischen Straßennetz folgende Einkaufsstraße. Die einstigen Hauptachsen der Römerzeit, Rue Sainte-Catherine als Cardo in Nord-Süd-Richtung und **Rue Porte Dijeaux** ⑬ als Decumanus (Ost-West-Achse), sind bis heute die geschäftigsten Straßen im Zentrum.

Im Viertel **Saint-Pierre** verlocken gleich mehrere hübsche und belebte Plätze zum Verweilen auf einer Caféterrasse. Die größte darunter, die **Place du Parlement,** zugleich auch der touristische „Nabel" der Altstadt, wurde 1760 unter Intendant Louis-Urbain-Aubert de Tourny angelegt. Um den Brunnen aus dem 19. Jahrhundert in der Mitte gruppieren sich harmonische Häuserfronten. Rundherum füllen sich die Plätze unter Sonnenschirmen und Markisen abends recht schnell.

MEIN TIPP

Genuss im Jugendstil

Die 1890 eröffnete Bar Castan am Quai de la Douane zählt zu den ältesten Cafés von Bordeaux – nicht nur das auffallende Vordach stammt aus der Epoche des Jugendstils, sondern auch das extravagante, höhlenartige Rocaille-Dekor im Innern. Bei sonnigem Wetter ist die große Terrasse mit Korbstühlen ein idealer Platz für ein Getränk oder ein Eis.

2 [E5] **Bar Castan** €, 2 quai de la Douane, Tel. 0556445197, tägl. 15–2 Uhr, Tram C: Place de la Bourse

① Place de la Bourse und Miroir d'Eau ★★★ [E4]

Zu Beginn der Stadterneuerung ab Anfang des 18. Jahrhunderts entstand dieser zur Garonne hin offene Platz, der erst durch den Abriss der mittelalterlichen Stadtmauer möglich wurde. Mit der Place de la Bourse öffnet die Stadt sich zum Strom hin.

Als Place Royale wurde die Place de la Bourse vom königlichen Architekten Jacques Gabriel ab 1730 geplant, unter Intendant Claude Boucher in Angriff genommen und unter der Leitung von Gabriels Sohn Jacques-Ange 1755 vollendet. Zur Stadt hin und seitlich flankieren die Platzanlage barocke Gebäudegruppen: das **Palais de la Bourse** (1742) für die Börse an der Nordseite und das **Hôtel des Douanes** für den Zoll an der Südseite. In Letzterem, auch Hôtel des Fermes du Roi genannt, ist das Zollmuseum ② untergebracht. Die ehemalige Börse gegenüber wurde komplett restauriert und bietet heute Räume für Kongresse, Konferenzen, Tagungen, Seminare, Galas und andere Events. Der zierliche zentrale Pavillon zwischen den beiden auf den Platz mündenden Straßen war einst Sitz der Admiralität.

Als Place Royale dem König gewidmet, zierte den Prachtplatz ursprünglich eine Reiterstatue von Ludwig XV., die aber während der Französischen Revolution weichen musste. Der **Brunnen der drei Grazien** ersetzte im 19. Jahrhundert ein zwischenzeitlich errichtetes Denkmal.

Das 18. Jahrhundert hat die Stadt geprägt. Unter der Leitung von Jacques-Ange Gabriel wurde das Gebäudeensemble am Platz durch eine Reihe regelmäßiger Häuser vervollständigt, die den Fluss kilometerlang als harmonische Front säumen. Vorher grenzte noch die mittelalterliche Stadt mit engen Gassen an den

013bd-gk

Flusshafen. Die imposante Schaufront von Bordeaux zur Garonne hin – mit einer Fassade neben der anderen, im Gleichmaß, aber nicht gleichförmig – beeindruckte nicht nur die damaligen Zeitgenossen und war zum Teil Vorbild für die spätere Umgestaltung von Paris, sondern ist bis heute weltberühmt.

Spektakulärster Erfolg der vom Landschaftsarchitekt Michel Corajoud entworfenen Uferneugestaltung im 21. Jahrhundert ist der **Miroir d'Eau**, der Klein und Groß, Einheimische und Touristen gleichermaßen fasziniert. Die Inspiration soll der Markusplatz in Venedig geliefert haben, der bei Hochwasser regelmäßig unter Wasser steht. Auf einer Fläche mit Granitplatten von 130 x 42 m sprudelt Wasser aus den Öffnungen und erreicht etwa 2 cm Höhe. Der Wasserspiegel, von Brunnenspezialist Jean-Max Llorca und Architekt Pierre Gangnet umgesetzt, sorgt nicht nur für tolle Fotomotive, wenn sich die Place de la Bourse darin quasi verdoppelt, im Sommer ersetzt er Kindern auch das Planschbecken. Dazwischen macht in regelmäßigen Abständen Sprühnebel aus den Wasserdüsen für kurze Zeit Phantome aus allen Passanten. Das Spektakel sollte man sich keinesfalls entgehen lassen!

› Tram C, D: Place de la Bourse
› Miroir d'Eau: Mai–Okt. tägl. 10–22 Uhr, in regelmäßigen Intervallen sprudelt drei Minuten Wasser, das 15 Minuten für den Spiegeleffekt sorgt, fünf Minuten fließt es ab und drei Minuten sprüht Wassernebel.

Mit der Place de la Bourse begann die Umgestaltung von Bordeaux im 18. Jahrhundert

2 Musée National des Douanes ★ [E5]

Das Zollmuseum an der Place de la Bourse erzählt die Geschichte der Grenzkontrollen und Wirtschaftszölle.

Das Museum ist im majestätischen Gebäude des Hôtel des Fermes du Roi untergebracht, dem Vorgänger des Zollamts im absolutistischen Frankreich: Die sogenannten

Weltkulturerbe Bordeaux

Nichts weniger als ein Superlativ ist angemessen – Bordeaux gilt als das schönste europäische Stadtensemble des 18. Jahrhunderts und besonders die Schaufront zur Garonne fasziniert als Prunkstück bis heute alle Besucher. Doch erst seit der Grauschleier von Jahrzehnten an Abgasen und Ruß entfernt wurde, erstrahlen die Fassaden wieder in alter Pracht. Seit 2007 zählt nun die halbe Innenstadt zum Weltkulturerbe – mit einer Fläche von 1810 Hektar ist Bordeaux weltweit der größte von der UNESCO in die Welterbeliste aufgenommene Ort.

Das Stadtbild ist nicht historisch gewachsen, sondern wurde teils planmäßig angelegt. Sein so oft bewundertes Aussehen hat Bordeaux den Intendanten des 18. Jahrhunderts zu verdanken: Unter ihrer Aufsicht mussten mittelalterliche Enge und Fachwerk klassizistischen Neubauten aus Stein und großzügigen Straßen- und Platzanlagen weichen. Vom König wurden diese Beamten als Stadtverwalter mit weitreichenden Machtbefugnissen eingesetzt, um die Königstreue der ehemals unabhängigen Stadt zu garantieren. Dass die drei in Folge eingesetzten Intendanten Claude Boucher, Marquis de Tourny und Dupré de Saint-Maur die Stadt nicht nur verwalteten und überwachten, sondern sich städteplanerisch betätigten, erwies sich als Glücksfall: Sie verwandeln die mittelalterliche Provinzstadt in eine moderne Metropole.

Louis Marquis de Tourny versprach, aus ihr die schönste Stadt im Königreich zu machen. Während seiner Amtszeit von 1743 bis 1757 wurden die brillantesten Architekten der Epoche verpflichtet – Jacques Gabriel und sein Sohn Jacques-Ange entwarfen die glanzvolle Place Royale (heute Place de la Bourse 1). Am Ufer der Garonne enstand in den darauffolgenden Jahrzehnten die majestätische Grande Façade, eine kilometerlange Häuserfront im einheitlichen Stil des Klassizismus, die Victor Hugo zu der Bemerkung veranlasste, Bordeaux sei eine Mischung aus Versailles und Antwerpen. In ihrem goldenen Zeitalter wandte die Stadt ihre neue architektonische Pracht dem Flusshafen zu, der sich einem weltweiten Handel öffnete. Die Häuserzeile am Flussufer mit dem Börsenplatz und das von Victor Louis erbaute Grand Théâtre 15 sind aber nur die Highlights eines städtebaulichen Ensembles von etwa 5000 klassizistischen Gebäuden. Der Jardin Royal, der heutige Jardin Public 17, wurde geschaffen, die Stadtmauern fielen und machten Alleen Platz, Prunkportale ersetzten die befestigten Stadttore.

Schon ab den 1960er-Jahren wurden viele historische Bauwerke unter Denkmalschutz gestellt, doch erst um die Jahrtausendwende gelang es mit EU-Fördergeldern, sie zu reinigen und zu sanieren. Umgebaut und revitalisiert, hat man Bordeaux seine alte Herrlichkeit wiedergegeben.

Fermiers généraux, Privatleute als Steuerpächter, erhoben im Auftrag des Königs die Steuern zum Beispiel für Salz, Tabak und vieles andere.

Das Museum dokumentiert die **Geschichte** und den **Berufsalltag von Zollbeamten** anhand vielfältiger Objekte, darunter Uniformen, Landkarten und Arbeitsmittel wie Waagen oder Petroleumleuchten, aber auch durch Schmuggelware. Daneben besitzt das Museum auch einige Kunstwerke, am bekanntesten ist das Gemälde „Cabane des douaniers“ von Claude Monet.

› Tram C, D: Place de la Bourse
› 1 place de la Bourse, Tel. 0970275766, www.musee-douanes.fr, Eintritt: 4/5 €, ermäßigt 2/2,50 €, unter 18 Jahren frei, Di.–So. 10–18 Uhr

3 Kirche und Place Saint-Pierre ★★ [E5]

Jahrzehntelang war das verwinkelte Altstadtviertel rund um die Place Saint-Pierre von düsteren Gassen und vernachlässigten Wohngebäuden geprägt. Inzwischen ist alles anders: Die schönsten Plätze der Stadt reihen sich im Viertel Saint-Pierre aneinander und die Häuser leuchten in sandgestrahlter, heller Pracht.

Der Platz befindet sich dort, wo zur Römerzeit der Hafen lag. Er befand sich an der Mündung des Flüsschens Devèze. Heute ist dieser Zufluss zur Garonne kanalisiert und verläuft unterirdisch, nur der Straßenname der Rue de la Devise weist noch auf den Wasserlauf hin. Andere Namen erinnern an die zahlreichen **Gewerbe**, die sich im Mittelalter hier niedergelassen hatten: die Rue des Bahutiers an das ausgestorbene Handwerk der Kofferhersteller, die Rue des Argentiers an Gold- und Silberschmiede, die Rue du Chai des Farines an Getreidespeicher.

Die **Kirche Saint-Pierre** wurde im 14. Jahrhundert erbaut, die Fassade mit dem schönen Portal stammt aus dem 15. Jahrhundert, wurde aber im 19. Jahrhundert stark verändert.

Auf dem Kopfsteinpflaster des Platzes stellen heute **Lokale** Tische und Stühle auf – hier lässt sich bei einem kalten Getränk gut eine Rast mit Blick auf die Kirchenfassade einlegen. Mehrere Restaurants am Platz oder an der nächsten Ecke laden zudem dazu ein, sich auch zum Mittag- oder Abendessen niederzulassen. Mit den benachbarten Straßen und Plätzen bildet das hübsche Fleckchen quasi das gastronomische und abendliche Ausgehzentrum der Altstadt.

› Tram C, D: Place de la Bourse

4 Porte Cailhau ★★★ [E5]

Das wehrhafte, 35 Meter hohe Stadttor reckt seine spitzen Kegeldächer in den Himmel und wirkt gleich weniger klobig und schwerfällig und fast schon heiter und freundlich.

Eine Initiative der Intendanten im 18. Jahrhundert war es, die mittelalterliche Stadtmauer abzureißen und die Altstadt teilweise zur Garonne und ihrem Hafen hin zu öffnen. Die 1495 in spätgotischen Formen erbaute Porte Cailhau blieb von dieser umfassenden Stadterneuerung verschont. Der spätmittelalterliche Turm war Teil der Stadtbefestigung und zugleich monumentales **Triumphtor**, das Karl VIII. nach einer siegreichen Schlacht in Italien ehrte – ein Standbild des Königs ziert eine Nische an der Turmfassade zum Fluss hin. Im Innern zeigt eine kleine **Ausstellung** zur Stadtgeschichte, welche Materialien und Werkzeuge die Steinmetze für ihre Bauten einsetzten. Auch wegen der **Aussicht auf die Garonne** lohnt sich der Aufstieg in das Obergeschoss im Turm.

Noch schöner als der Blick vom Stadttor ist der Blick auf das Stadttor – tagsüber ebenso wie abends, wenn die Porte de Cailhau wirkungsvoll beleuchtet wird. Rund um den

MEIN TIPP

Mit Blick auf die Porte Cailhau

Den schönsten Blick auf die Porte Cailhau (4) bietet **Chez Fred** (s. S. 74), dessen Terrasse morgens zum Zeitungslesen ebenso angenehm ist wie abends zum Apéro.

015bd-gk

kleinen Platz am wehrhaften Stadttor locken nette Lokale zum Verweilen.

Nur der Name **Place du Palais**, an der das Tor steht, erinnert noch an das mittelalterliche Palais de l'Ombrière, in dem Eleonore von Aquitanien 1137 ihre Hochzeit mit dem französischen Thronfolger feierte. Um 1800 wurde das ehemalige Herzogsschloss abgerissen.

› Tram A, C und D: Porte de Bourgogne
› Place du Palais, Eintritt: 5 €, ermäßigt 3,50 €, frei für Kinder unter 12 Jahren, April–Okt. tägl. 10–13 und 14–18, Nov.–März Mi.–Fr. 14–18, Sa./So. 11–13, 14–18 Uhr

(5) Porte de la Grosse Cloche ★★ [D6]

Das mächtige **spätgotische Stadttor** bildet den Zugang zur Rue Saint-James. Seinen Namen verdankt es der Grosse Cloche. Die fast 8 Tonnen schwere **Stadtglocke** namens Armande-Louise wurde in der zweiten Hälfte des 18. Jahrhunderts aufgehängt. Geläutet wird sie nur zu wichtigen Ereignissen und an Feiertagen wie dem 14. Juli. Alljährlich im Herbst kündigt sie den Beginn der Weinlese an.

Das 41 Meter hohe Tor selbst erhielt im 15. Jahrhundert seine heutige Gestalt und gehört zu den wenigen erhaltenen Überresten der **Stadtbefestigung** in Bordeaux. Außer zur Verteidigung diente der Turm auch als Gefängnis.

› Tram B: Musée d'Aquitaine
› Cours Victor Hugo/Rue Saint-James, März–Mai, Okt., Nov. Sa. 14–17 Uhr, Juni–Sept. tägl. 13–18 Uhr, Eintritt 6 €

‹ Die Porte de la Grosse Cloche war im Mittelalter Teil der Stadtbefestigung

Von der Kathedrale Saint-André bis ins Triangle d'Or

Im Viertel um die Kathedrale lohnt nicht nur deren Glockenturm den Abstecher, sondern gleich mehrere interessante Museen, allen voran das zur Geschichte Aquitaniens. Rundherum ist ein geschäftiges Viertel mit belebten Straßen zu entdecken, über die es sich lohnt, Richtung Place Gambetta und Cours de l'Intendance zu bummeln. Dahinter erstreckt sich das sogenannte Triangle d'Or rund um die Place des Grands Hommes – das „goldene Dreieck" mit seinen schicken Boutiquen ist wie gemacht für einen Schaufensterbummel.

6 Musée d'Aquitaine ★★★ [D6]

Von der Venus aus der Vorgeschichte über den historischen Kaufmannsladen mit Bordelaiser Marken bis zur Gegenwart – historisch Interessierte sollten sich das Museum nicht entgehen lassen.

Das Musée d'Aquitaine im ehemaligen Universitätsgebäude der Geisteswissenschaften vermittelt einen umfassenden und anschaulichen Überblick über die **Geschichte Südwestfrankreichs.** Archäologische Funde aus der Region wie die Frauendarstellung der „Venus von Laussel" aus prähistorischer Zeit und römische Architekturfragmente, Gebrauchsgegenstände und Mosaike dokumentieren Frühzeit und Antike in **Aquitanien.** Neben der 25.000 Jahre alten Frauenfigur im Halbrelief, die aus einer Fundstätte im Département Dordogne stammt, zählt das Museum eine Herkulesfigur aus Bronze von Ende des 2. Jh. n. Chr. zu den Meisterwerken seiner Sammlung.

Im Bereich zum Mittelalter fällt eine Holzfigur des Apostels Jakobus aus dem 15. Jahrhundert auf, die aus der Kirche Saint-Michel stammt. Bordeaux war für Wallfahrer von jeher eine wichtige Station an der Via Turonensis, einem der Hauptwege nach Santiago de Compostela, und wer aufmerksam durch die Stadt streift, kann noch weitere Spuren der **Jakobspilger** entdecken. Des Weiteren dokumentieren Skulpturen, romani-

016bd-gk

▷ *Jupiter- und Herkulesstatue aus der römischen Antike im Musée d'Aquitaine*

sche und gotische Kapitelle, die große Fensterrosette eines Klosters und Sarkophage die Epoche vom 12. bis zum 15. Jahrhundert, in der Aquitanien zum **Angevinischen Reich** gehörte.

Eigene Abteilungen befassen sich mit der **Schifffahrt** und dem **Weinhandel.** Ihren Wohlstand verdankt die Stadt jedoch nicht nur dem Wein, ein wesentlicher Teil stammt aus dem **„atlantischen Dreieckshandel"**: Im Hafen wurden Schiffe mit Waren beladen und in Westafrika gegen Menschen getauscht. Diese wurden in die Karibik verschifft und dort als Sklaven verkauft. Mit Kolonialwaren wie Indigo, Kaffee, Zucker und Kakao beladen, kehrten die Schiffe in ihren Heimathafen zurück. Der Reichtum, den die Fracht einbrachte, verwandelte sich in prachtvolle Paläste.

Einige Räume sind den regionalen **Traditionen** und dem Bordelaiser **Kunsthandwerk** gewidmet, etwa den Jugendstil-Glasfenstern und den Fayencen. Ein echter Hingucker ist der **Kaufmannsladen aus den 1930er-Jahren**, dessen Regale mit Produkten von einst in nostalgischen Verpackungen gefüllt wurden.

› Tram B: Musée d'Aquitaine
› 20 cours Pasteur, Tel. 0556015100, www.musee-aquitaine-bordeaux.fr, Eintritt: 8 €, ermäßigt 4,50 €, Di.–So. 11–18 Uhr

067bd-gk

7 Tour Pey-Berland ★★★ [C6]

Den schönsten Blick auf die Dächer der Stadt und die großartige Kathedrale von Bordeaux bietet ihr freistehender Glockenturm.

Der 47 m hohe Turm steht abseits der Kathedrale und ist nach dem **Bischof Pey-Berland** genannt, seinem Bauherrn, dem Bordeaux auch die Gründung der Universität verdankt. Der Bischof ließ den mächtigen Turm Mitte des 15. Jahrhunderts errichten, etwas abseits der Kathedrale, weil diese auf morastigem Gelände erbaut worden war und vor den Erschütterungen durch das Glockengeläut geschützt werden sollte. Allerdings erhielt der Turm erst Jahrhunderte später tatsächlich Glocken. Ebenfalls erst im 19. Jahrhundert schmückte man die Turmspitze mit der goldenen Jungfrauenstatue **Notre-Dame d'Aquitaine.**

Aus statischen Gründen steht der Glockenturm Pey-Berland etwas abseits der Kathedrale

1790 wäre der Turm beinahe abgerissen worden, hätten Proteste seitens der Bürger das nicht verhindert. Er diente als Bleifabrik, bis er Mitte des 19. Jahrhunderts unter **Denkmalschutz** gestellt wurde. Wenn man im engen Treppenhaus um die 230 Stufen erklommen hat, ist die **Aussicht** auf die Kathedrale und die Dächer der Stadt fantastisch. Der Aufstieg führt auch an der Glockenkammer vorbei. Die größte Glocke heißt Ferdinand-André und wiegt 8 Tonnen. Vom ersten Umgang kann man noch zu einer zweiten Terrasse hinaufsteigen, dem höchsten Aussichtspunkt in Bordeaux.

- Tram A und B: Hôtel de Ville
- Place Pey-Berland, www.pey-berland.fr, Eintritt: 6 €, EU-Bürger bis 25 Jahre frei, Juni–Sept. tägl. 10–18 Uhr, Okt.–Mai Di.–So. 10–12.30 und 14–17.30 Uhr. Da nur maximal 19 Personen gleichzeitig eingelassen werden, ist mit Wartezeiten zu rechnen.

8 Kathedrale Saint-André ★★★ [C5]

Sehenswerten Skulpturenschmuck besitzt die große Kathedrale am sogenannten Königsportal aus dem 13. Jahrhundert.

Von außen betrachtet fällt das gotische Strebewerk auf, doch mit dem Bau der Kathedrale wurde schon im 11. Jahrhundert begonnen. In den folgenden beiden Jahrhunderten wurde das Gotteshaus, das fast die Ausmaße von Notre-Dame in Paris erreicht, um Querschiff und Chor erweitert und kontinuierlich verändert, sodass von den romanischen Ursprüngen nur wenig erhalten blieb. Im Langhaus bildet das gotische Deckengewölbe einen Gegensatz zum romanischen Mauerwerk.

017bd-gk

Sehenswert sind die beiden reich mit Skulpturenschmuck verzierten gotischen Portale, das Königsportal von 1250 und das Nordportal von 1330. Das **Königsportal**, eines der schönsten in ganz Aquitanien, zeigt im Tympanon eine Darstellung des Jüngsten Gerichts mit der Auferstehung der Toten im Türsturz darunter, seitlich im Gewände Apostel und darüber die Galerie der Bischöfe. Kunsthistoriker zählen diese Skulpturen zu den bedeutendsten der französischen Gotik außerhalb der Île-de-France. Zu entdecken ist hier auch der heilige Jakob, kenntlich an der Muschel, schließlich war Bordeaux seit dem Mittelalter für Pilger auf dem Weg nach **Santiago de Compo-**

Blick vom Tour Pey-Berland auf die Kathedrale Saint-André

stela eine wichtige Station. Von Paris führte die Via Turonensis, einer der vier historischen Wege in Frankreich, über Tours nach Bordeaux und von dort weiter nach Saint-Jean-Pied-de-Port am Fuß der Pyrenäen.

Das **Nordportal**, auch Porte des Flèches genannt, zeigt im dreiteiligen Tympanon den Triumph Christi als siegreicher Erlöser, die Himmelfahrt und das letzte Abendmahl.

Im Mittelalter war der **Innenraum** der Kirche Schauplatz einer legendären Hochzeit: Am 25. Juli 1137 wurden hier die Herzogin Eleonore von Aquitanien und der Thronerbe von Frankreich, der spätere König Ludwig VII., getraut.

› Tram A, B: Hôtel de Ville
› Place Pey-Berland, https://cathedrale-bordeaux.fr, Sept.-Juni Mo. 14-19, Di.-Sa. 10-12 und 14-18, So. 9.30-12 und 14-18 Uhr, Juli/Aug. Mo. 15-19, Di.-Sa. 10.30-13.30 und 15-19, So. 9.30-13.30 und 15-20.15 Uhr

069bd-gk

9 Centre Jean Moulin ★ [C5]

Das Museum zur Résistance widmet sich den dunklen Jahren der deutschen Besatzung von Frankreich.

Dokumente, Flugblätter, Briefe und Fotos aus der Zeit des Zweiten Weltkriegs und der deutschen Besatzung erinnern an die Widerstandsbewegung und an die Forces Françaises Libres, an Deportation und Verfolgung. Benannt ist das Zentrum nach **Jean Moulin** (1899-1943), einem der wichtigsten Köpfe der Résistance. Von London aus sprang er 1942 mit dem Fallschirm über Frankreich ab, mit der Mission, die verschiedenen im Untergrund agierenden und teils rivalisierenden Gruppierungen zu vereinen. Mit Diplomatie und Druck gegenüber den auf ihrer Eigenständigkeit beharrenden und de Gaulle misstrauenden großen Widerstandsgruppen gelang ihm die schwierige Aufgabe, eine **Armée Secrète** zu koordinieren. 1943 fiel der Widerstandskämpfer in die Hände der Gestapo, die ihn wochenlang verhörte und folterte. Bei der Überstellung nach Deutschland starb Jean Moulin an den Folgen seiner schweren Verletzungen im Alter von 44 Jahren.

› Tram A, B: Hôtel de Ville
› Place Jean Moulin, www.cheminsdememoire.gouv.fr/de/jean-moulin-zentrum, Di.-So. 14-18 Uhr, Eintritt frei

Das Nordportal der Kathedrale Saint-André

10 Hôtel de Ville ★ [C5]

Das heutige Rathaus mit seinem weitläufigen Ehrenhof war früher die Residenz der Erzbischöfe von Bordeaux.

Das klassizistische **Palais Rohan,** zur selben Zeit wie das Grand Théâtre 15 entstanden, dient seit den 1830er-Jahren als Rathaus. Hier amtiert der Bürgermeister, hier wird im Standesamt geheiratet, hier tagt der Stadtrat (Conseil Municipal) im pompösen Sitzungssaal.

Seinen Namen verdankt der Rathausbau mit dem Säulenportikus einem der erwähnten Bischöfe, **Ferdinand Maximilien Mériadeck de Rohan,** der das Gebäude in der zweiten Hälfte des 18. Jahrhunderts von Architekt Joseph Etienne erneuern ließ und ihm das heutige imposante Äußere gab. Um das Bauprojekt zu finanzieren, ließ der Bischof ein morastiges Gebiet trockenlegen, das heute seinen Namen trägt: das Mériadeck-Viertel. Während der Französischen Revolution wurde das Gebäude der Kirche enteignet und diente ab 1800 als Präfektur.

Viele Jahrzehnte lang amtierte hier **Jacques Chaban-Delmas** als Bürgermeister (von 1947 bis 1995, nur mit kurzer Unterbrechung), der mit dem Verwaltungszentrum Mériadeck einen umstrittenen städtebaulichen Komplex ermöglichte und auch das Projekt Bordeaux-Lac, ein großes Messe- und Freizeitgelände mit künstlichem See im Norden der Stadt, beförderte. 1995 folgte ihm der ehemalige Premierminister **Alain Juppé,** der bis März 2019 das Amt des Bürgermeisters bekleidete, seit 2020 ist mit **Pierre Humic** ein Grüner *Maire de Bordeaux.*

Zweimal pro Woche ist das Innere des Gebäudes per **Führung** zugänglich. Zu besichtigen sind eine Reihe Salons, das Speisezimmer mit Trompe-l'Oeil-Malerei und vor allem das prächtige Treppenhaus, das als sehenswertes Beispiel französischer Steinmetzarbeit gilt. Gern erzählt wird die Anekdote, dass der Sohn des Präfekten als kleines Kind beim Restaurieren der Wand- und Deckenmalereien zugeschaut und so seine Berufung zum Maler entdeckt haben soll – es war **Eugène Delacroix.**

Der große, öffentlich zugängliche Garten, den im 19. Jahrhundert für das Musée des Beaux-Arts 11 errichtete Seitenflügel begrenzen, bildet eine geschützte grüne Oase mitten in der Stadt. Auch dieser ein Hektar große **Jardin de la Mairie** wurde im 19. Jahrhundert angelegt.

› Tram A, B: Hôtel de Ville
› Place Pey-Berland, Eintritt: 8 €, Kinder unter 12 Jahren frei, Besichtigung mit Führung Mi. 14.30 und 15.30 Uhr, Fr. 10 und 11 Uhr

11 Musée des Beaux-Arts ★★ [C6]

Das Museum der Schönen Künste besitzt eine umfangreiche Sammlung an europäischen Kunstwerken vom 15. bis zum 20. Jahrhundert. Darunter Werke von Rubens und Tizian, Matisse und Renoir, Kokoschka und Picasso.

Zu den **rund 330 ausgestellten Werken** der Gemäldegalerie (mit einem Vielfachen im Depot) zählt eine große Anzahl berühmter Meisterwerke, allen voran „Das sterbende Griechenland auf den Trümmern von Missolonghi" von Eugène Delacroix, der mit mehreren Werken in der Sammlung vertreten ist. Die Gemälde „Tarquinius und Lucrezia" von Tizian und der „Hochzeitstanz" von Jan Brueghel

MEIN TIPP

Kulinarische Spezialitäten

Die Rue des Remparts und die Rue de la Vieille Tour [C5] sind Foodie-Paradiese: Chocolaterien, Olivenöl-, Fischkonserven- und Teespezialisten und Kaffeerösterei reihen sich hier fast aneinander.

zählen ebenfalls zu den Schätzen des Museums. Gewürdigt werden auch die auf Tierkunstwerke spezialisierte Bordelaiser Malerin Rosa Bonheur und ihre Kollegen André Lhote, der Fauvist Albert Marquet und der Symbolist Odilon Redon.

Ins Leben gerufen wurde das Musée des Beaux-Arts 1801 von **Napoleon** – es ist wenig bekannt, dass der Korse und Kaiser mehr als ein Dutzend Museen in Frankreich gründete.

018bd-gk

Die südliche der beiden den Rathausgarten flankierenden Galerien ist der **Kunst des 16. bis 18. Jahrhunderts** gewidmet, in der nördlichen Galerie wird die moderne **Malerei des 19. und 20. Jahrhunderts** präsentiert.

Die wenige Schritte entfernte **Galerie des Beaux-Arts** an der Place du Colonel Raynal dient als Annex des Museums für Sonderausstellungen.

› Tram A: Palais de Justice oder Tram B: Hôtel de Ville

› 20 cours d'Albret, Tel. 0556102056, www.musba-bordeaux.fr, Eintritt: 8 €, ermäßigt 4,50 €, Mo, Mi.–So. 11–18 Uhr

12 Musée des Arts Décoratifs et du Design ★★ [C5]

Das **Kunstgewerbe- und Designmuseum** residiert recht vornehm: Im **Hôtel de Lalande**, einem eleganten privaten Stadtpalais aus dem 18. Jahrhundert, gewinnt der Besucher einen Eindruck von einstiger **aristokratischer Wohnkultur.** Die teils original erhaltenen Salons wurden mit zeitgenössischem Mobiliar ausgestattet, in den Vitrinen sind feines Porzellan, Glas, Keramik, Fayencen und Silber zumeist aus dem 18. und 19. Jahrhundert aufgereiht.

An Sommertagen sind die Plätze des museumseigenen **Salon de thé** im Ehrenhof beliebter Rückzugsort.

› Tram B: Gambetta oder Hôtel de Ville

› 39 rue Bouffard, Tel. 0556101400, www.madd-bordeaux.fr, **bis 2025 wegen Renovierung geschlossen**

Das Musée des Arts Décoratifs et du Design residiert in vornehmem Ambiente

MEIN TIPP

Bistrot des Grands Hommes

Eine nette Möglichkeit zur Einkehr bietet das Bistrot des Grands Hommes am gleichnamigen Platz. Der Patron hat eine kleine Weinhandlung nebenan und zusätzlich das nostalgische, aber modern eingerichtete Lokal mit Marmortresen, Spiegeln und schönem Fliesenboden übernommen. Mit seinen Designerstühlen und -tischen passt das elegante Bistro perfekt zur schicken Klientel des Viertels.

3 [C4] **Bistrot des Grands Hommes** €€, 10 place des Grands Hommes, Tel. 0557836026, Mo.–Sa. 7.30–24 Uhr

13 Porte Dijeaux ★ [C5]

Im Rahmen des umfassenden Umbaus von Bordeaux im 18. Jahrhundert ließ der Intendant Louis-Urbain-Aubert de Tourny die wehrhafte Stadtbefestigung abreißen und mittelalterliche Stadttore teilweise durch **schmückende Monumente** ersetzen. Auch die Porte Dijeaux entstand an der Stelle, an der einst ein Tor Zugang zur Stadt gewährte. Der um 1750 erbaute **Triumphbogen**, bei dem wie bei der Porte de Bourgogne die Königstreue der Stadt sozusagen in Stein gemeißelt wurde, setzt einen markanten Schlusspunkt der Rue de la Porte Dijeaux, einer belebten Einkaufsstraße und Fußgängerzone. Diese und die sich anschließende Rue Saint-Rémi entsprechen dem Verlauf des römischen **Decumanus**, also der antiken Ost-West-Achse durch die Stadt.

Jenseits der Porte Dijeaux gelangt man auf die **Place Gambetta:** Auch diese Platzanlage wurde in der zweiten Hälfte des 18. Jahrhunderts im Zuge der Stadtverschönerung angelegt. Die kleine Grünanlage in der Mitte kam erst später hinzu.

› Tram B: Gambetta, Rue Porte Dijeaux

14 Marché des Grands Hommes ★ [C4]

Mitten im Triangle d'Or öffnet sich ein runder Platz, dessen Mitte eine **gläserne Halle** besetzt. Unter der zentralen Kuppel des 1991 eingeweihten Bauwerks zogen **Geschäfte** und ein **Supermarkt** ein. Rundherum und in den Seitenstraßen verlocken viele hübsche Boutiquen zum Schaufensterbummel.

Wie die aus den 1960er-Jahren stammende runde Betonmarkthalle, die vorher auf dem Platz stand, ist die gläserne Galerie ein Fremdkörper in der historischen Umgebung, allerdings ein deutlich eleganterer als der plumpe Vorgängerbau.

› Tram B: Gambetta, Place des Grands Hommes, www.lesgrandshommes.com

070bd-gk

An der Porte Dijeaux beginnt die Fußgängerzone

Rund um Esplanade des Quinconces und Jardin Public

Hier ist das bürgerliche, wohlhabende, klassizistische Bordeaux zu entdecken, mit breiteren Straßen und repräsentativer Architektur.

⓯ Grand Théâtre ★★★ [D4]

Die klassische Eleganz ihres berühmten Theaters, das manche für das schönste Frankreichs halten, verdankt die Stadt einem Pariser Architekten.

Das repräsentative, von **Victor Louis** zwischen 1773 und 1780 erbaute Gebäude wird von den Bordelesen geliebt und bildet an der **Place de la Comédie** die prächtige Kulisse für ein buntes städtisches Treiben. Dass der Baumeister einige Jahre in Rom verbracht hatte, stark von der Antike geprägt und ein Bewunderer Palladios war, lässt sich schon an der imposanten **Fassade** mit den zwölf korinthischen Säulen ablesen, die an einen Tempelbau erinnert. Die **Balustrade** darüber zieren Standbilder von den neun Musen und den drei römischen Göttinnen Minerva, Juno und Venus. Das **Vestibül** mit großer Kuppel und prachtvollem Treppenaufgang erregte viel Aufsehen und diente als Vorbild für die fast ein Jahrhundert später erbaute Pariser Garnier-Oper.

Als 1871 und 1914 die Regierung in Kriegszeiten nach Bordeaux verlegt wurde, diente der mit Stuck und Gold ausgestattete **Zuschauerraum** dem Parlament als Versammlungsort.

Das Theater steht an der Stelle der einstigen **Piliers de Tutelle.** Die Ruinen des antiken Forums lagen in der Schusslinie des ebenfalls nicht mehr existierenden **Château Trompette.** Von dort aus sollten Kanonen nicht nur eventuelle Angriffe abwehren, sondern auch die Bordelaiser Bürger in Schach halten können, deshalb mussten auf Befehl König Ludwigs XIV. die Ruinen des römischen Forums abgerissen werden.

Auch die Pläne für das direkt gegenüber errichtete Hôtel de Rolly stammen von Architekt Victor Louis. Der majestätische, klar gegliederte Prachtbau beherbergt heute das luxuriöse **Grand Hôtel de Bordeaux.** Dessen Bistroterrasse bietet den schönsten Blick auf das monumentale Theater, tagsüber ebenso wie abends, wenn die Säulenfront beleuchtet ist.

› Tram B: Grand Théâtre
› Place de la Comédie, Tel. 0556008595, www.opera-bordeaux.com. Die Oper kann zu unregelmäßigen Terminen besichtigt werden. Reservierung notwendig: telefonisch unter Tel. 0556006600 oder über das Office de Tourisme (www.visiter-bordeaux.com/fr/decouvrir-bordeaux/visite-guidee-du-grand-theatre.html). Eintritt: 10 €, 13–17 Jahre 7,50 €, 5–12 Jahre 5 €.

⓰ Esplanade des Quinconces ★★★ [D3]

Einer der größten Plätze Europas erstreckt sich an der Stelle einer abgetragenen Festung. Die langgezogene, rechteckige Anlage beeindruckt durch ihre Weitläufigkeit und die Grandeur, mit der die Stadtplaner sich für eine mehrere Fußballfelder große Freifläche entschieden. Neben der Place de la Bourse ❶ dürfte die Brunnenanlage des Monument des Girondins das meistfotografierte Mo-

019bd-gk

tiv der Stadt sein – ob als Totale mit der himmelwärts strebenden Säule oder wasserglitzernde Details.

Napoleon hatte die Genehmigung erteilt, das **Château Trompette**, verhasstes Symbol königlicher Macht, abzureißen. Es war zur Zeit König Karls VII. gebaut worden, als Bordeaux nach dem Ende des Hundertjährigen Kriegs wieder an Frankreich fiel, und wurde später noch erweitert. Es diente weniger dazu, die Stadt und ihre Einwohner zu verteidigen, als sie zu kontrollieren: Die Kanonen konnten auch gegen Bordeaux gerichtet werden.

Die zu Beginn des 19. Jahrhunderts freigewordene Fläche wurde nicht wieder bebaut. Mit 126.000 m² (oder 12 Hektar) Ausdehnung weist die Esplanade des Quinconces gigantische Dimensionen auf. Das eher

Auch als Treffpunkt beliebt: das Monument des Girondins auf der Esplanade des Quinconces

Mein Tipp

Maison du Vin

Idealer Anlaufpunkt für Besucher, die sich für die Weine der Region interessieren, ist das Maison du Vin im Hôtel Gobineau gegenüber der Touristeninformation. Hier kann man sich mit **Broschüren** versorgen und an **Weinproben** teilnehmen, zudem betreibt das Conseil Interprofessionel du Vin de Bordeaux (CIVB) eine **Weinschule** mit spannendem Kursangebot für Einsteiger und Profis. Wer sein Weinwissen vertiefen will, muss nicht Französisch sprechen, das umfangreiche Kursprogramm der Ecole du Vin ist mehrsprachig. Im einfach **Bar à Vin** (s. S. 76) genannten hauseigenen Weinlokal im Erdgeschoss können wechselnde Weine verschiedener Appellationen glasweise in sympathischer Atmosphäre probiert werden.

- •4 [D4] **Maison du Vin,** 1 cours du 30 Juillet, Tel. 0556002266, Weinschule Tel. 0556002285, www.bordeaux.com, Tram B, C und D: Quinconces

schmucklose, seitlich **von Alleen flankierte Areal** am nördlichen Rand der Innenstadt zieren nur das sehenswerte **Monument des Girondins** an der Schmalseite zur Stadt hin und **zwei Säulen,** die Handel und Schifffahrt symbolisieren, an der Schmalseite zur Garonne hin. Seitlich gedenkt die Stadt mit zwei Standbildern ihrer beiden wichtigsten Geistesgrößen – des Schriftstellers **Michel de Montaigne,** der in Bordeaux auch einige Jahre Bürgermeister war, und des Aufklärers **Charles de Montesquieu,** der im Stadtrat saß. Der riesige Platz dient ab und zu als Zirkus- oder Kirmesplatz und für Flohmärkte und andere Veranstaltungen.

Das 1894 bis 1902 errichtete **Girondistendenkmal** erinnert an die 1793 hingerichteten Revolutionäre aus dem Bordelais. Die 43 m hohe Säule wird von einer Frauengestalt gekrönt, die symbolisch ihre Ketten sprengt und die Freiheit darstellt. Die beiden halbkreisförmigen Figurenbrunnen zu ihren Füßen symbolisieren den Triumph der Republik und den Triumph der Eintracht. Im Zweiten Weltkrieg wurden sie wegen des hohen Materialwerts zum Einschmelzen demontiert, doch es gelang, die Figuren auf dem Grund eines Sees vor den Deutschen zu verstecken. Erst Anfang der 1980er-Jahre erhielt Bordeaux das in Angers wieder aufgefundene Werk zurück. Heute gehören die beiden Brunnen mit den wasserstiebenden Pferden zu den beliebtesten Fotomotiven von Bordeaux und sind für Besucher eine echte Attraktion, nicht nur als Kulisse für Selfies.

› Tram B, C und D: Quinconces

▷ *Ein Park mit französischem Flair: der Jardin Public*

17 Jardin Public ★★★ [C2]

Eine Oase der Ruhe am Rand der Innenstadt: Die grünen Rasenflächen werden eifrig genutzt und sind ideal zum Träumen und Entspannen im Schatten großer Bäume, für eine kleine Siesta in der Mittagspause oder ein ausgedehntes Sonnenbad abseits des Großstadttrubels.

Unter **Intendant Tourny** wurde der Park Mitte des 18. Jahrhunderts angelegt und von Architekt **Jacques-Ange Gabriel** ursprünglich als geometrischer französischer Garten gestaltet. 1856 ließ die Stadt den knapp 11 Hektar großen Park zum **englischen Landschaftsgarten** umgestalten, mit Arboretum, Teichen, Inseln, künstlichem Wasserfall und drei geschwungenen Brücklein. Seine besondere, trotz allem **„typisch französische“ Wirkung** entfaltet der Park nicht zuletzt wegen der schmiedeeisernen Eingangstore und Zäune mit vergoldeten Spitzen, der hübschen, von Balustraden eingefassten Terrasse bei der Orangerie und des als Gewächshaus erbauten Gebäudes beim Museum, das heute die Gärtner nutzen.

Nach Paris weist Bordeaux übrigens die größte Anzahl an aufwendig gestalteten schmiedeeisernen Toren, Balkongeländern und Türklopfern auf. Wer aufmerksam durch die Stadt spaziert, kann zahlreiche prachtvolle Exemplare entdecken. Die prächtigen Tore des Jardin Public stehen unter Denkmalschutz.

Auch alle Ingredienzen eines veritablen **Stadtparks** sind da – verschlungene Spazierwege, Bänke für entspannte Lektüre oder verliebte Küsse, Schatten spendende, uralte Baumriesen und gepflegte Liegewiesen, auf denen man ganze Nachmittage vertrödeln kann. Auf dem hübschen Kinderspielplatz mit Karussell und Klettergerüsten tobt sich der Nachwuchs aus, Kunstinteressierte schauen sich die über den Park verstreuten Skulpturen an, Naturfreunde mit Smartphone holen sich per QR-Code Vogelstimmen oder botanische Infos aufs Handy.

Und wer seine wohlverdiente Pause zwar gerne „al fresco", aber lieber entspannt bei einem Getränk im Liegestuhl verbringt als auf einem Handtuch auf dem Rasen, wird auf der Terrasse der Orangerie (s. S. 72) bestens versorgt.

Das viele Jahre geschlossene und 2019 nach Renovierung wiedereröffnete **Muséum de Bordeaux – Sciences et Nature** (s. S. 59) im 1780 erbauten Hôtel de Lisleferme ist unbedingt einen Besuch wert.

› Tram C: Jardin Public oder D: Fondaudège Muséum
› Eingänge von Cours de Verdun, Rue d'Aviau, Place du Champ de Mars und Place Longchamps, www.bordeaux.fr, April, Mai, Sept. 7–20 Uhr, Juni–Aug. 7–21 Uhr, März, Okt. 7–19 Uhr, Nov.–Feb. 7–18 Uhr

MEIN TIPP

Ein versteckter Garten

Hinter der Orangerie im Jardin Public 17 versteckt sich der alte Botanische Garten. Der neue wurde Ende der 1990er-Jahre am rechten Garonne-Ufer angelegt. Das verbliebene kleine Areal mit exotischen und einheimischen Pflanzen wird jedoch weiterhin gepflegt.

18 Palais Gallien ★★ [B3]

Die **Ruinen des römischen Amphitheaters** liegen im Nordwesten des Zentrums in einer kleinen Grünanlage. So eindrucksvoll, dass man hier noch das Kampfgetümmel der Gladiatoren zu hören vermeint, sind die eher spärlichen Überreste aus der Antike nicht. Doch obwohl es sich nicht um ein grandioses Monument handelt, das noch heute bespielbar und mit den Theatern in Nîmes oder Arles vergleichbar wäre, lohnt der Abstecher.

Einst hat das Bauwerk, das Archäologen ins 3. Jahrhundert n. Chr. datieren, wohl rund 15.000 Zuschau-

020db-gk

ern Platz geboten. Als einziges aus dem antiken Burdigala erhaltenes Denkmal kündet es von der **römischen Vergangenheit der Stadt.** Der Eingang befindet sich an der Rue du Docteur Albert Barraud, doch auch von der anderen Seite hat man einen guten Blick auf die Mauerreste. In der Rue du Colisée gelangt man bis an eine Balustrade am Ende der kleinen Sackgasse.

> Bus 26: Palais Gallien
> Rue du Docteur Albert Barraud, öffentlich zugänglich

19 Kirche Saint-Seurin ★ [B4]

Nicht nur für Kirchenfans, auch für Bordeaux-Besucher mit Geschichtsinteresse lohnt ein Abstecher zur Basilika Saint-Seurin, die etwas abseits vom Zentrum an der Place des Martyrs de la Résistance liegt.

Hinter der **neoromanischen Fassade** verbirgt sich eine **Vorhalle** mit archaischen, frühromanischen Kapitellen aus dem 11. Jahrhundert. Bis ins 19. Jahrhundert wurde die Kirche immer wieder erweitert und verändert. Dabei erhielt sie im 16. Jahrhundert ein sehenswertes **Renaissanceportal**, allerdings wurden auch hier Tympanon und Gewändefiguren im 19. Jahrhundert verändert.

In der **Krypta** wurden merowingische Sarkophage aus dem 6. Jahrhundert aufgestellt. Schon seit 1999 und damit länger als das klassizistische Stadtensemble gehört die Kirche zum Weltkulturerbe der UNESCO: als wichtige Station auf dem Pilgerweg nach **Santiago de Compostela.**

Noch vor der Zeit des romanischen Kirchenbaus bestand an dieser Stelle ein frühchristliches Zentrum: Mit der Nekropole aus dem 4. Jahrhundert n. Chr. vor der Kirche, die bei Ausgrabungen Anfang des 20. Jahrhunderts entdeckt wurde, sind wohl die **ältesten Spuren christlicher Kultur in Bordeaux** erhalten (Site archéologique).

> Tram D: Fondaudège Muséum
> Kirche: Di.-Sa. 8.30-19.45 Uhr, So. 9-12.15 und 18-20.15 Uhr, Eintritt frei; Site archéologique: Juni-Sept. tägl. 13-18 Uhr, Eintritt: 5 €, ermäßigt 3,50 €

Das Palais Gallien 18 war einst ein römisches Amphitheater

Quartier des Chartrons und Bacalan

Das historische Viertel nördlich des Zentrums wirkt wie ein Dorf in der Stadt. Einst Hochburg der Weinhändler, ist die zentrale Rue Notre-Dame heutzutage die Antiquitäten- und Trödlermeile von Bordeaux und zieht auch Designer und Galeristen an. Sonntags und montags ist allerdings wenig los, daher sollte man einen Spaziergang durch das Viertel möglichst für einen anderen Wochentag einplanen.

Der Name des Viertels geht zwar auf **Kartäusermönche** (Chartreux) zurück, die sich hier, außerhalb der mittelalterlichen Stadt, niedergelassen hatten, geprägt wurde das Quartier aber von den **Weinhändlern.**

Im 16. Jahrhundert hatten **Niederländer** die sumpfigen Ufer der Garonne trockengelegt und ab dem 17. Jahrhundert dehnte die Stadt sich hier nach Norden aus. Am Quai des Chartrons sind bei Nummer 28 und 29 zwei sogenannte **holländische Häuser** zu entdecken, die sich ein Kaufmann bereits 1680 erbauen ließ. Dahinter entstand ein dichtgedrängtes Quartier mit Handelshäusern und Wohnungen für die Kaufleute. Weil die „Négociants-Eleveurs" früher die Weine nicht nur verkauften, sondern auch kelterten und in den Fässern reifen ließen, entstanden Wohnsitze mit langgezogenen **Kelterhallen,** den sogenannten *Chais,* und Kellergewölben, in denen die *Barriques,* die kleinen Eichenfässer, gelagert wurden. So spiegelt die charakteristische Parzellierung des Viertels im „Streifenmuster" zugleich die Doppelfunktion der Kaufleute wider.

Der Wandel kam, als ab den 1950er-Jahren immer mehr Winzer dazu übergingen, ihre Weine selbst auszubauen und abzufüllen und der Straßentransport den Wasserweg verdrängte. Immer häufiger standen die nutzlos gewordenen *Chais* leer und die Händler verließen das Quartier.

⊡ *Ehemalige Markthalle im Chartrons-Viertel*

023bd-gk

In den Nullerjahren des 21. Jh. entwickelte sich das Quartier des Chartrons zum Trendviertel fürs Wohnen in netter Nachbarschaft. Sukzessive wurden viele Häuser renoviert und erstrahlen wieder mit hellen, gereinigten Fassaden. Die Atmosphäre ist dörflich und kosmopolitisch zugleich. Unter die **Trödler** und **Galerien** mischen sich **Ateliers** von Künstlern und Kunsthandwerkern, kleine **Boutiquen**, appetitliche **Bäckereien**, schmucke **Feinkost- und Biogeschäfte** sowie kleine, einladend-freundliche **Restaurants** und **Weinbars.** „Bobo" nennen Franzosen diese Mischung – ein Viertel, das noch Boheme-Flair hat, aber längst auf dem Weg ist, *bourgeois* zu werden.

Beim Spaziergang durch das Quartier lohnt ein Bummel über die Rue Notre-Dame mit einem Abstecher zum vornehmen, von eleganten Wohnhäusern aus dem 18. Jahrhundert gesäumten **Cours Xavier Arnozan** sowie zur **Place du Marché Chartrons** mit dem alten Marktpavillon aus dem 19. Jahrhundert und ein Blick in die neogotische **Kirche Saint-Louis.**

Mitten im Viertel setzt die **Cité Mondiale du Vin** einen modernen Akzent, ein Anfang der 1990er-Jahre mitten zwischen die Altbauten gesetzter Kongress- und Hotelkomplex mit spiegelverglaster Front und zugigem Vorplatz.

Zu den Anziehungspunkten im Viertel gehören das **CAPC** ⑳, das Museum für moderne Kunst in einem denkmalgeschützten Lagerhauskomplex, und das **Musée du Vin et du Négoce** ㉑. Beim Umbau ehemaliger Weinhändler-Chais zu modernen Studios wurden in der **Rue du Faubourg des Arts** Ateliers für Künstler und Kunsthandwerker geschaffen. Dort ist an der Place Paul et Jean-Paul Avisseau auch **Le M.U.R.** zu finden, ein **Street-Art-Projekt**, das von wechselnden Künstlern monatlich neu gestaltet wird (www.facebook.com/lemurdebordeaux). Durch einen etwas versteckten Durchgang gelangt man von der Rue Barreyre an den Quai des Chartrons.

Setzt man den Weg am Garonne-Quai stadtauswärts fort, gelangt man vorbei an einem **Rollerskate-** und **Skatepark**, den Outletgeschäften und Restaurants des **Quai des Marques** (s. S. 85) und am Wissenschafts- und Technologiezentrum **Cap Sciences** ㉒ bis zur imposanten Pont Chaban-Delmas. Jenseits der 575 Meter langen Hubbrücke ist auch **Bacalan** ein Viertel im Wandel. Mit der **Cité du Vin** ㉓ hat die Stadt dort seit 2016 ein weiteres Wahrzeichen. Rund um die **Bassins à flot** ㉔ mit dem U-Boot-Bunker entstand zur selben Zeit ein komplett neues Wohnviertel, der Jachthafen wurde modernisiert und ein Neubau für das **Musée de la Mer et de la Marine** (s. S. 59) errichtet.

⑳ CAPC – Musée d'Art Contemporain ★★★ [D2]

Mit dem Entrepôt Lainé wurde ein für den Hafen und das Weinhändlerviertel einst typisches historisches Warenlager vor dem Abriss gerettet. Seit der Restaurierung dient es als Museum für zeitgenössische Kunst.

Gewürze und andere Kolonialwaren aus Übersee stapelten sich einst in den monumentalen Gewölben des alten Hafenspeichers, der in den 1970er-Jahren zum **Zentrum für moderne Kunst** umgewandelt und 1990 restauriert wurde. Das großartige **Entrepôt Lainé,** ein fast wie ein Kloster wirkender gigantischer Lagerhauskomplex, wurde Anfang des 19. Jahrhunderts errichtet und blieb bis in die 1950er-Jahre in Betrieb, danach stand es leer und verfiel nach und nach. Heute bildet das Gebäude den eindrucksvollen und inzwischen denkmalgeschützen Rahmen für die Kunst der Gegenwart und lohnt auch unabhängig von der jeweils aktuellen Ausstellung den Abstecher.

Man achte auf den Aufzug: **Keith Haring** gestaltete die Mauer dahinter, auf die man wie durch ein Fenster blickt. Die **„Oeuvres in situ“** wurden für den Ort geschaffen und sind auch dauerhaft zu sehen, darunter Steinreihen von Richard Long auf der Dachterrasse und das typische, unauffällige Würfelmuster von Niele Toroni im Erdgeschoss und der zweiten Etage. Ansonsten gibt es keine Dauerausstellung mit fester Hängung: In **wechselnden Ausstellungen** widmet man sich Konzeptkunst, Land Art und Minimal Art, Installationen und Videokunst, Architektur und Design.

› Tram B: CAPC oder Tram C: Jardin Public

› 7 rue Ferrère, Tel. 0556008150, www.capc-bordeaux.fr, Eintritt: 8 €, ermäßigt 4,50 €, Di.–So. 11–18 Uhr, zweiter Mi. im Monat bis 20 Uhr

21 Musée du Vin et du Négoce ★ [E1]

Das kleine Weinmuseum besticht vor allem durch sein Ambiente in einem authentischen Weinhändlerhaus.

Wie ein **typisches Handelshaus** im Quartier des Chartrons früher aussah, zeigt das Musée du Vin et du Négoce. In dem Gebäude aus dem Jahre 1720, einst für einen irischen Weinhändler erbaut, führt die Ausstellung im Gewölbekeller durch die jahrhundertelange **Geschichte des Weinbaus.** Früher kauften die Weinhändler den Winzern ihre Erträge ab und übernahmen die Lagerung und Reifung im Fass, die „Komposition“ von

In einem historischen Lagerhaus zeigt das CAPC moderne Kunst

072bd-gk

MEIN TIPP

Halles de Bacalan

Eine Markthalle mit etwa zwei Dutzend Ständen und einer großen Brasserie ist direkt gegenüber der Cité du Vin 23 zu finden. Nicht nur im großen Lokal kann man einen Kaffee trinken oder essen, auch an den Marktständen selbst.

5 [df] **Halles de Bacalan,** 10 esplanade de Pontac, https://biltoki.com/halles/bacalan, Di./Mi. 8–14.30 und 16.30–23, Do.–Sa. 8–23, So. 8–16 Uhr, Tram B: La Cité du Vin

› **Brasserie Familia,** Tel. 56073615, www.familia-brasserie.fr, Mo.–Sa. 9–24, So. 9–19 Uhr

Cuvées und das Abfüllen der Weine in Flaschen. Mittlerweile übernehmen die Erzeuger auf den Weingütern diesen Teil der Produktion selbst und die Händler kümmern sich nur noch um den Verkauf und Vertrieb.

Alte Fotografien und Dokumente, verstaubte Weinflaschen, historische Fässer und Etiketten sowie kurze Filme sind in der Ausstellung versammelt und zeigen die Arbeit der Küfer und im Weinberg.

› Tram B: Chartrons oder Tram C: Camille Godard

› 41 rue Borie, Tel. 0556901913, www.museeduvinbordeaux.com, Eintritt: 10 €, ermäßigt 5 €, bis 17 Jahre frei, tägl. 10–18 Uhr

22 Cap Sciences ★ [df]

Das interaktive Museum will Kindern und Erwachsenen die Welt der Wissenschaften spielerisch vermitteln.

Mit **Wechselausstellungen** und **Workshops** widmet man sich hier Themen aus Technik, Industrie und Naturwissenschaften. Selbst die Kleinsten können sich hier schon als Forscher oder Astronomen betätigen oder erfahren, was ein Archäologe macht oder wie die Wirtschaft funktioniert. Weil **Französischkenntnisse erforderlich sind,** richtet sich das Angebot vorwiegend an französische Muttersprachler.

› Tram B: Les Hangars oder Bassins à flot

› Hangar 20, Quai de Bacalan, Tel. 0556010707, www.cap-sciences.net, Eintritt: 10 €, ermäßigt 7,50 €, Di.–Fr. 14–18, Sa./So. 14–19 Uhr

23 Cité du Vin ★★★ [df]

Die Cité du Vin setzt ein markantes architektonisches Zeichen – ein echter „Leuchtturm" am Flussufer, der ganz der Jahrtausende alten Kunst der Weinherstellung gewidmet ist.

Als neues Wahrzeichen der Stadt stellt die Cité du Vin die Welt des Weins vor. Konzipiert von Anouk Legendre und Nicolas Desmazières des Architekturbüros XTU, soll die geschwungene Form des **Glasturms an der Garonne** an Wein erinnern, der im Glas geschwenkt wird.

Und die Architektur soll ein Zeichen setzen, die Cité will alles andere als ein klassisches Museum sein. Besucher erleben die Welt des Weins mittels eines **interaktiven Multimedia-Parcours** mit allen Sinnen: Riechstationen zum Beispiel laden zum Erschnuppern von Weinaromen ein, eine Flugsimulation ermöglicht einen Blick auf Weinberge aus der Vogelperspektive.

Die Dauerausstellung auf 3000 m² ist in **20 Themenmodule** unterteilt, etwa zu Terroirs (der Zusammenhang von Mikro- und Makroklima, Bodenbeschaffenheit, Geländeform, Geologie etc.), Religion, Wein und Essen oder Weinhandel. Ausgerüstet mit einem speziellen Kopfhörer, mit dem sich die Multimedia-Animationen starten lassen, sollten Besucher für den Rundgang etwa zwei Stunden einplanen.

Jährlich wechselnde **Ausstellungen** werden die Dauerpräsentation ergänzen und in Verkostungsräumen Workshops stattfinden. Ganz oben in der siebten und achten Etage des 55 Meter hohen Glasturms sind eine **Aussichtsplattform**, ein **Panoramarestaurant** und eine **Weinbar** untergebracht. Auch eine an eine Bibliothek erinnernde, eindrucksvolle **Weinhandlung** findet sich im Erdgeschoss der Cité du Vin. Und nicht zuletzt sollte ein kleiner Probierschluck oben in der Bar – mit Aussicht auf die Garonne und Bordeaux – unbedingt obligatorischer Programmpunkt sein.

Ein **Anleger** bietet Zugang zur Garonne – von dort starten weintouristische Ausflüge per Boot.

› 134–150 quai de Bacalan, Tram B: Cité du Vin, www.laciteduvin.com, Eintritt: 22/27 €, erm. 9/14 €, Kinder unter 6 Jahren frei, April–Aug. tägl. 10–19, Sept.–März Mo.–Fr. 10–18, Sa./So. 10–19 Uhr

24 Bassins à flot ★★ [df]

Ein ganz eigenes Flair hat das Viertel rund um die ehemaligen Hafenbecken, in dem vieles noch in Entwicklung begriffen ist.

Die riesigen alten Hafenbecken in Bacalan haben ihre ursprüngliche Funktion verloren, seit der Hafen von Bordeaux flussabwärts gezogen ist.

Momentan ist das urbanistische Großprojekt noch ein **„work in progress“** – zwischen Hafenkränen, Silos und teils schon umgenutzten Lagerhallen entstehen seit 2010 und noch bis 2025 Apartmentblocks und Stadthäuser, Bauten für Handel und Gewerbe, Sport- und Kultureinrichtungen, Kindergärten, Schulen und Seniorenheime. 2019 wurde auf dem 160 Hektar großen Gelände das **Musée de la Mer et de la Marine** (s. S. 59) eröffnet, der **Jachthafen** im hinteren Hafenbecken wird modernisiert im vorderen Hafenbecken werden **Anlegeplätze für Wohnboote** geschaffen und rund um die beiden Bassins wird eine **Promenade** angelegt. Eine Tramlinie und die Brücke Chaban-Delmas verbinden die einstige Industrie- und Hafenbrache inzwischen mit dem Zentrum und den Stadtteilen am rechten Ufer. Die große Hubbrücke, die nach dem langjährigen Bürgermeister Chaban-Delmas benannt ist, wird für die Ein- und Ausfahrt von Kreuzfahrtschiffen hochge-

097bd-gk

Architektonisch setzt das schwungvolle Gebäude der Cité du Vin 23 ein markantes Zeichen in der Stadtsilhouette von Bordeaux

MEIN TIPP

Panoramablick auf die Cité du Vin

Das italienische Dachrestaurant Gina Bordeaux und die benachbarte Rooftop-Bar auf einem Hotel neben den Halles de Bacalan punkten mit großen Balkonen und der Aussicht auf Cité du Vin, Garonne und Hafenbecken.

6 [df] **Gina Bordeaux** €€, Place des Millésimes, Tel. 0533521367, gina-bordeaux.fr, tägl. 12–14.30, 19–22.30, Bar tägl. 17–24 Uhr

zogen. Sie führt hinüber ins Bastide-Viertel (s. S. 6).

Das **Bassin No. 1** mit den beiden denkmalgeschützten Docks wurde 1867 und das **Bassin No. 2** im Jahr 1912 in Betrieb genommen. Vor und nach dem Ersten Weltkrieg bildeten die beiden über Schleusen erreichbaren Hafenbecken das maritime Zentrum von Bordeaux. Rundherum siedelten sich Werften, Schmieden, Holzhändler und andere mit dem Schiffsbau und der Reparatur von Booten befasste Werkstätten und Betriebe an. Ab den 1970er-Jahren verloren die Bassins ihre Funktion, der Hafen zog flussabwärts, viele Werften waren von ökonomischen Krisen bedroht, die internationale Konkurrenz zog mit Containerterminals an Bordeaux vorbei.

Am zweiten Bassin steht der große Betonklotz der **Base sous-marine**, die 1941 bis 1943 von der deutschen Besatzung als Bunker für die U-Boote der Marine gebaut wurde. Ein Denkmal erinnert an die spanischen Zwangsarbeiter, die im Zweiten Weltkrieg hier auf der Baustelle schuften mussten. Ab 1990 wurde der Bunker von der Stadt für kulturelle Aktivitäten – Konzerte, Theater, Ausstellungen – genutzt. Seit 2020 hat sich dieser aus 6000 m³ Beton gefertigte Bau mit 43.000 m² Fläche in ein gigantisches **Zentrum für digitale Kunst** verwandelt. In den **Bassins des Lumières** tauchen Besucher in die Kunstwerke großer Meister von Vincent Van Gogh bis Gustav Klimt ein, die im XXL-Format an die Wände projiziert werden, und zwar auf weit größerer Fläche als im Atelier des Lumières in Paris oder in den Carrières de Lumière in der Provence. In dem fast 20 Meter hohen Bunker mit seinen reflektierenden Wasserflächen entfalten die **Multimedia-Installationen** eine magische Wirkung, die selbst Ausstellungs-Muffel beeindruckt.

Um beim Umbau zumindest einen Teil der Hafengeschichte zu erhalten, ließ man einige **technische Denkmäler** wie die beiden Docks und die Schleusen und historische Gebäude wie das **Magasin des Vivres** stehen und stellte sie unter Denkmalschutz. Die Vivres, von der königlichen Marine im 18. Jahrhundert als gigantisches Lager für Proviant errichtet, sind nur noch teilweise erhalten. Einige Künstler zogen dort ein, die sich als Kollektiv **Les Vivres de l'Art** (s. S. 60) nennen. Unter Federführung des Bildhauers Jean-François Buisson finden Ausstellungen und Konzerte statt (https://lesvivresdelart.org).

Unweit davon ist die **Garage Moderne** (s. S. 60) zum einen tatsächlich eine Werkstatt, in der Räder und Autos repariert werden, zum anderen aber auch Ort kultureller Veranstaltungen (www.legaragemoderne.org).

› Tram B: La Cité du Vin
› **Bassins des Lumières,** Impasse Brown de Colstoun, Tram C: Ravezies, www.bassins-lumieres.com/fr, Eintritt: 15 €, ermäßigt 9/12,50/14 €, Mo.–Sa. 10–21, So 10–19 Uhr, im Winter kürzer

Quartier Saint-Michel und Quartier Sainte-Croix

Das Quartier Saint-Michel, dem die Basilika Saint-Michel den Namen gibt, befindet sich mitten **im Umbruch**. Das Viertel südlich des Cours Victor Hugo ändert gerade sein Gesicht – während im benachbarten Quartier Saint-Pierre die Altstadtsubstanz schon ziemlich komplett „aufgehübscht" ist, stehen in der südlichen Vorstadt neben schon restaurierten Schätzen teils noch vernachlässigte und heruntergekommene Bauten, an denen der Zahn der Zeit nagt.

Durch die Vielzahl hier lebender Einwanderer aus dem Maghreb, Spanien und Portugal, aus Asien und Schwarzafrika hat der Stadtteil ein **buntes multikulturelles Gesicht.** „Populo" nennen das die Franzosen, ein volkstümliches Viertel, das noch nicht gentrifiziert wurde. Den Mittelpunkt des Viertels bildet **Saint-Michel** mit der gotischen Turmspitze seines freistehenden Glockenturms **La Flèche** 26. Ein besonderes Erlebnis sind der zu seinen Füßen stattfindende Wochenmarkt am Samstagvormittag und der Sonntagsflohmarkt auf der Place Canteloup, die im Zuge der Sanierung bereits neu gestaltet wurde.

Ein lohnendes Viertel für Entdeckungstouren auf eigene Faust ist neben „Saint-Mich" auch das angrenzende Quartier **Sainte-Croix**, ebenfalls benannt nach seiner sehenswerten **Kirche** 27. Klassische Sehenswürdigkeiten gibt es hier nur wenige, dafür versteckte Gärten, historische Fassaden in den ruhigen Straßen und sehr vereinzelt auch Bars und Boutiquen.

Wer den Bummel durch das Viertel noch verlängern will, besucht auch den **Marché des Capucins** 28, das **Musée d'Ethnographie** (s. S. 58) in der Universität oder betrachtet die **Synagoge** in der Rue du Grand Rabin Cohen zumindest von außen – sie gilt als eine der schönsten Frankreichs.

25 Porte de Bourgogne ★ [E6]

Wer über die Pont de Pierre die Garonne überquert, hat als optischen Schlusspunkt und Tor zum Cours Victor Hugo immer die Porte de Bourgogne im Blick. Das **Tor** ist allerdings älter als die Brücke und ersetzte (wie die Porte Dijeaux 13 an der Place Gambetta und die Porte d'Aquitaine 29 auf der Place de la Victoire) Mitte des 18. Jahrhunderts unter dem Intendanten Tourny ein mittelalterliches Stadttor, die einstige Porte des Salinières. Das schmückende Tor in Form eines **Triumphbogens** sollte ein sichtbares Zeichen für die Königstreue der Stadt Bordeaux setzen.

› Tram A, C und D: Porte de Bourgogne, Place Bir-Hakeim

26 Kirche Saint-Michel und La Flèche ★★ [F6]

Die spätgotische Kirche Saint-Michel mit ihrem freistehenden Glockenturm und der weitläufige Platz rundherum bilden den vor allem am Wochenende betriebsamen Mittelpunkt des gleichnamigen Viertels.

Die von außen eher schmucklose **spätgotische Kirche** wurde zwischen 1350 und 1475 erbaut, das meiste ist allerdings rekonstruiert, da die große Basilika im Zweiten Weltkrieg schwer zerstört wurde. Die innen prächtig ausgeschmückte Kirche be-

Mein Tipp

Passage Saint-Michel

Auch wenn nicht gerade der Flohmarkt stattfindet, können „Sachensucher" hier fündig werden: In der Passage Saint-Michel (s. S. 87) haben sich mehrere Händler zusammengetan und bieten in einer ehemaligen Bananenreiferei **Vintage, Trödel und Antiquitäten** an. In der Brasserie nebenan kann man beim Bier oder Kaffee Käufe nochmals kurz überdenken, bevor man tatsächlich zuschlägt.

024bd-gk

sitzt ein **reich verziertes Chorgestühl** und **moderne Buntglasfenster** von Max Ingrand.

Der 114 Meter hohe **Glockenturm** ist nach der Kathedrale von Rouen, dem Straßburger Münster und Notre-Dame-de-Chartres der vierthöchste Kirchturm Frankreichs und wird wegen seiner pfeilartigen Silhouette mit durchbrochener gotischer Turmspitze **La Flèche** genannt. Auch der Ende des 15. Jahrhunderts in der Rekordzeit von 20 Jahren errichtete Turm ist in Teilen rekonstruiert. Wie seine Campanile genannten italienischen Kollegen steht der „Pfeil" völlig frei. Von seiner **Aussichtsplattform** in 47 Meter Höhe genießt man einen herrlichen Rundblick über das historische Stadtviertel und den Garonne-Bogen.

Seit 1998 gehört die Kirche als Teil der Jakobspilgerwege nach Santiago de Compostela zum **Weltkulturerbe**, also länger als das klassizistische Stadtensemble von Bordeaux (2007 von der UNESCO in die Welterbeliste aufgenommen). Obwohl Bordeaux eine bedeutende Station der Via Turonensis von Paris über Tours Richtung Pyrenäen war, einem von vier historischen französischen Wegen, muss man die Spuren der **Jakobspilger** in der Stadt eher suchen, als dass sie direkt ins Auge fallen würden. Selbst in der Kirche Saint-Michel erinnert nur die dem heiligen Jakob geweihte Kapelle an die Pilgerscharen, die einst in der Stadt in zahlreichen Herbergen unterkamen, bevor sie weiterzogen.

◁ Der Glockenturm der Kirche Saint-Michel wird La Flèche genannt

Der **Markt** zu Füßen des Glockenturms, seit eh und je Treffpunkt der Bordelesen, ist belebt und beliebt. Egal, ob zum Sonntagsflohmarkt oder zum Wochenmarkt, rund um die Place Canteloup und die Place Meynard füllen sich dann bei schönem Wetter die **Caféterrassen**, beim Bäcker steht man geduldig Schlange und im Tabac gibt es zum Espresso einen kurzen Plausch.

› Tram C, D: Saint-Michel
› Place Meynard, Eintritt Kirche: kostenlos, Eintritt Turm: 5 €, ermäßigt 3,50 €, Kirche Mo.–Sa. 8.30–18 Uhr, So. 8–12 Uhr, **Turm bis 2025 wegen Renovierung geschlossen**

27 Kirche Sainte-Croix ★ [G7]

Die **Fassade** ist ihr auffallendstes Merkmal: In der französischen Kunstgeschichte wird dafür der Begriff der „façade écran", der „Leinwandfassade" verwendet, weil sich die bildlichen Darstellungen nicht auf das Portal beschränken, sondern die gesamte Fassade von Skulpturen besetzt ist.

Ähnliche Kirchen findet man in der Saintonge, der Provinz am Nordufer der Gironde, deren Vorbild den Bau in Bordeaux wohl auch beeinflusste. Allerdings ist nicht alles original: Der **romanische Kirchenbau**, der einst zu einem Benediktinerkloster gehörte, blieb von den Restaurierungen des 19. Jahrhunderts nicht verschont, einiges ist also **neoromanisch**.

Der **Glockenturm** rechts des Portals stammt aus dem 12. Jahrhundert, sein Pendant links ist dagegen eine frei erfundene Ergänzung aus dem 19. Jahrhundert durch den Architekten und Restaurator Paul Abadie (von dem auch Sacré-Cœur in Paris erbaut wurde).

Die restaurierte **Orgel** aus der Mitte des 18. Jahrhunderts stammt von Dom Bedos de Celles, einem der Benediktinermönche. Sein Werk „Die Kunst des Orgelbauers" wurde sogar ins Deutsche übersetzt und gilt als informative Quelle zum barocken Instrumentenbau.

Die **ehemaligen Klostergebäude** hinter der Kirche beherbergen seit dem Ende des 19. Jahrhunderts die **Ecole des Beaux Arts**, die Kunsthochschule von Bordeaux.

› Tram C, D: Sainte-Croix
› Place Pierre Renaudel, tägl. 10–18 Uhr, leider häufig wegen Vandalismus geschlossen

074bd-gk

Drachentöter Georg als Fassadenschmuck der Kirche Sainte-Croix

MEIN TIPP

Abstecher zum Quai de Paludate

Wer gut zu Fuß ist, marschiert parallel zur Garonne und unter der Eisenbahnbrücke hindurch zum Quai de Paludate. Einst Disco- und Clubmeile der Stadt, entstehen hier Bürobauten und Apartmenthäuser im großen Stil. Auffälligstes Gebäude ist das monumentale **La MÉCA** (s. S. 60), ein 37 Meter hoher und 120 Meter langer Torbogen mit triumphaler Freitreppe, in dem drei regionale Kunstagenturen untergekommen sind. Daneben ist mit der Halle Boca (s. S. 64) ein kleiner Foodcourt entstanden.

28 Marché des Capucins ★★ [E7]

Die große Auswahl an Fisch, Fleisch, Obst und Gemüse, Käse, Wurstwaren und Delikatessen macht den Marché des Capucins zum **„Bauch" von Bordeaux.**

Mitte des 18. Jahrhunderts wurde hier das erste Mal ein Markt abgehalten, ab 1797 dann einmal wöchentlich ein Viehmarkt. Bald kamen Händler aus der Umgebung mit ihren Karren, brachten Artischocken aus Macau, Kartoffeln aus Eysines, Tomaten aus Gradignan in die Stadt, sodass sich der Markt nach und nach zum wichtigsten von Bordeaux entwickelte.

Im 19. Jahrhundert ließ die Stadt die **Markthallen** nach dem Pariser Vorbild der verschwundenen Baltard-Hallen errichten. Heute steht allerdings an der Stelle der filigranen Konstruktionen aus Gusseisen und Glas ein hässliches Betonmonster. Dessen ungeachtet lohnt sich ein Besuch wegen der Fülle des Angebots.

Der Blick auf die benachbarte, frisch renovierte Halle des Douves zeigt, was sich sonst noch für verborgene Schätze in diesem Viertel verbergen. Die 1886 eingeweihte Markthalle in der Rue des Douves hatte zuletzt als Fahrradverleih und Werkstatt gedient und verfiel dann langsam.

Die hübsche Glas-, Metall- und Ziegelkonstruktion wurde von der Stadt renoviert und dient nun als Kulturzentrum für das Viertel (www.douves.org).

› Place des Capucins, Tram B: Victoire, https://marchedescapucins.com, Di.–Fr. 6–14, Sa./So. 5.30–14.30 Uhr

Saisonales Angebot auf dem Marché des Capucins 28

091bd-gk

29 Porte d'Aquitaine und Place de la Victoire ★ [D7]

Der weitläufige Platz am südlichen Ende der Rue Sainte-Catherine ist zum abendlichen Ausgehen beliebt – nicht nur bei Studenten.

Das imposante Gebäude seitlich der Place de la Victoire beherbergt einen Teil der Universität, die Fakultät für Medizin und Pharmazie. Der **Triumphbogen** auf dem Platz, Porte de la Victoire oder Porte d'Aquitaine genannt, wurde wie die Porte Dijeaux 13 und die Porte de Bourgogne 25 Mitte des 18. Jahrhunderts im Rahmen der Stadterneuerung errichtet. Hier verließen einst im Mittelalter die **Jakobspilger** die Stadt, um weiter Richtung Spanien zu wandern. Teilweise wird man dem Muschelsymbol in der Stadt begegnen, an Häuserwänden als Schilder, im Boden als eingelassene Bronzeknöpfe, und in der Rue des Argentiers nimmt eine Herberge, das Maison du Pelerin, moderne Pilger von heute über Nacht auf.

Für überraschtes Lächeln sorgen die **Bronzeschildkröten**, ein Kunstwerk des tschechischen, in Frankreich lebenden Bildhauers Ivan Theimer, die zusammen mit dem **Obelisk** aus Marmor mit Weinmotiven aufgestellt wurden. Die Pflasterung des Platzes soll an den Kapitolsplatz in Rom erinnern.

Einige der Lokale rund um den Platz und in den Nachbarstraßen sind abendliche Ziele für ein studentisches Publikum. Hinter dem Triumphtor zieht sich die **Fußgängerzone** der belebten Einkaufsstraße **Rue Sainte-Catherine** mehr als einen Kilometer durch die Altstadt bis zur Place de la Comédie mit dem Grand Théâtre 15.

› Tram B: Victoire, Place de la Victoire

La Bastide

Anders als Paris oder London entstand Bordeaux einseitig am linken Flussufer. Für die Bordelaiser war das „Rive Droite" nur die „andere Seite des Wassers", für Besucher ein zu vernachlässigender Fleck auf dem Stadtplan. Mit den urbanistischen Aktivitäten am rechten Ufer endet ein historisches Ungleichgewicht: Im aufstrebenden Stadtviertel La Bastide tut sich viel.

Schon mit dem Bau des **Gare d'Orléans** Mitte des 19. Jh. nahmen die Bestrebungen, das Rive Droite einzubeziehen, den Anfang. Heute beherbergt der stillgelegte Bahnhof das Multiplexkino Mégarama.

Ob mit der Tram, dem Rad oder zu Fuß, wer auf der Pont de Pierre 30 die Garonne überquert, erblickt rechterhand die **Caserne des Pompiers de la Benauge**, einen auffälligen Bau aus den 1950er-Jahren. An der Place de Stalingrad fällt vor allem der stilisierte hellblaue Löwe auf, eine monumentale Skulptur von Xavier Veilhan.

30 Pont de Pierre ★★★ [F5]

Die älteste Brücke über die Garonne wurde 1810 von Napoleon in Auftrag gegeben – vermutlich sollte sie Truppentransporte Richtung Spanien erleichtern. Als das 1822 fertiggestellte Bauwerk den Fluss überspannte, war die Herrschaft des französischen Kaisers allerdings längst beendet.

Jahrhundertelang musste Bordeaux ohne Brücke auskommen – weil die Garonne hier rund 500 Meter breit ist und die starke Strömung bei Ebbe und Flut sowie die wenig stabilen, sumpfigen Ufermarschen den Bau einer Brücke erschwerten. Über den Fluss gelangte man bis zum Be-

025bd-gk

Die älteste Brücke der Stadt und lange die einzige: die Pont de Pierre 30

Mein Tipp

Chez Alriq

Die *guinguette*, so heißen **Gartenwirtschaften** in Frankreich, scheint das Flair vergangener Zeiten am Flussufer wiederzubeleben. Neben toller Aussicht auf die Garonne und Bordeaux Rive Gauche bietet das Lokal abends romantische Stimmung unter freiem Himmel mit Lichterketten und – wie es sich für eine echte *guinguette* gehört – ab und zu mit Livemusik.

7 [F2] **Chez Alriq,** Quai des Queyries, Tel. 0556865849, www.laguinguettechezalriq.com, Mai, Sept. Do.–Sa. 19–1, So.12–20 Uhr, Juni–Aug. Di.–Sa. 19–1, So. 12–20 Uhr

ginn des 19. Jh. nur mittels Fähren. Bis heute ist die Brücke angesichts der Wasserkraft des Flusses und der natürlichen Gegebenheiten eine **technische Meisterleistung.** Zur Entstehungszeit galt sie als das Bauwerk des Jahrhunderts.

Mehr als 100 Jahre blieb die gewaltige, 486 Meter lange **Steinbrücke** die einzige Straßenverbindung der beiden Flussufer. Zwar wurde 1860 unter der Bauleitung des jungen Gustave Eiffel eine Eisenbahnbrücke errichtet, die inzwischen ebenfalls unter Denkmalschutz steht, doch erst die 1965 eröffnete Pont Saint-Jean entlastete den stark gestiegenen Autoverkehr.

Mit ihren **17 Bögen** wirkt die flache Konstruktion durch ihre langgestreckte Ausdehnung und die Kombination von Stein und Ziegeln als Baumaterial ausgesprochen elegant. Die Zahl der Bögen soll von den Bauingenieuren entsprechend der Anzahl der Buchstaben in Napoleon Bonaparte gewählt worden sein. Mit Beginn der Dämmerung wird die Brücke angestrahlt und ergänzt dann wirkungsvoll die aufwendige Illumination der Place de la Bourse und der Garonne-Promenade.

› Tram A, C und D: Porte de Bourgogne

31 Parc aux Angéliques ★★ [F3]

Die Parkanlage flussabwärts von der Pont de Pierre ist noch recht jung, doch einen unschlagbaren Vorteil haben die Grünanlagen am Quai de Queyries schon jetzt – der Blick über die Garonne auf die Schaufront von Bordeaux ist einfach fantastisch.

Die Stadt erwarb diverse Hafengrundstücke am Fluss und beauftragte Landschaftsarchitekt Michel Desvigne mit der Neugestaltung der Quais entlang der Garonne. In seinem Entwurf sind zahlreiche **Baumreihen quer zum Flussufer** das prägende Stilelement – vor allem einheimische Arten wie Eschen, Ahorn, Vogelkirschen und Buchen werden dafür angepflanzt.

Picknicken, auf der Slackline trainieren, das Fahrrad kurz hinwerfen und lesen oder per Kopfhörer Musik hören, all das ist möglich und wird schon jetzt gern getan. Am Flussufer hat sich neben der **Guingette Alriq** (s. S. 50) auch die zum Darwin (s. rechts) gehörende und Biobier brauende Microbrasserie **La Lune** (https://brasseurs-lalune.fr) angesiedelt. Die **Fabrique Pola**, ein Kollektiv bestehend aus rund 70 Kreativen (https://pola.fr), zog ebenfalls an den Quai de Brazza.

Rund um das Darwin breiten sich auf vielen Hektar ehemaliger Industrie-, Bahn- und Gewerbefläche Neubauquartiere aus, eine Spielwiese für Architekten. Das auffälligste Gebäude, wie ein Tor über einem Durchgang erbaut und mit gläserner Dachhaube, gehört zu einem **Ilot Queyries** genannten Wohnblock.

› Tram A: Stalingrad, Quai des Queyries und Quai Deschamps

32 Jardin Botanique ★★ [F3]

Der Botanische Garten ist das grüne Schmuckstück des Stadtteils Bastide. Gestaltet von der international bekannten Pariser Landschaftsarchitektin **Catherine Mosbach**, weist er **unterschiedliche Bereiche und Themengärten** auf.

Richtung Garonne wird anhand mehrerer unterschiedlich bepflanzter Hügel, der **Galerie des Milieux**, der Zusammenhang von Geologie, Boden und Vegetation für verschiedene Landschaftstypen Aquitaniens offenbar. In den angrenzenden Wasserbecken des **Jardin Aquatique** fühlen sich Seerosen, Teichbinsen, Schwimmfarne, Wasserlinsen und andere Hydrophyten wohl, in den **Gewächshäusern** fleischfressende und mediterrane Pflanzen wie Palmen und Kakteen. Das Gegenstück zum **Jardin Vertical** mit Kletterpflanzen bilden die **Allée des Plantes** mit Pionierpflanzen und die **Champs de Cultures** mit Obstbäumen und Nutzpflanzen.

› Tram A: Jardin Botanique

› Esplanade Linné und Quai de Queyries, https://jardin-botanique-bordeaux.fr, Eintritt: Botanischer Garten gratis, Gewächshäuser 5 €, im Sommer tägl. 8–20 Uhr, im Winter tägl. 8–18 Uhr, Gewächshäuser Di.–So. 11–18 Uhr

MEIN TIPP

Darwin

Die umfunktionierte **ehemalige Kaserne** mit einer Fläche von fast 200.000 m² ist „die" angesagte Location in Bordeaux und nimmt zugleich eine Pionierrolle ein. Hier treffen sich Alternative, Kreative und Start-ups im **Coworking-Bereich.** Als Mieter bevorzugt werden „Ökokreative", also Unternehmen und Freiberufler, die mit Ökologie oder Nachhaltigkeit befasst sind. Eingezogen sind auch das Biobistro Magasin général (s. S. 65), die Sneakermarke Veja und Emmaüs, eine Hilfsorganisation mit Secondhand-Warenlager.

Rund 230 hier schon untergekommene Agenturen und Projekte verzeichnet das Darwin, dessen Macher es mal als „Ökosystem" bezeichnen, mal als Camp. Eine Bike Polo Halle und ein Indoor-Skatepark, ein Roller Derby Club, Urban-Gardening-Flächen, eine Recycling-Anlage, eine Fahrrad-Werkstatt und die *Marins de La Lune* mit Kajaks, SUP-Boards und Segelbooten ergänzen das „Biotop". In der Micro-Winerie wird Wein gekeltert (www.microwinerie.fr) und an den *Chantiers de la Garonne,* einem ehemaligen Werftgelände, wird in Bar, Club und Restaurant **Strandfeeling** zelebriert (keine Reservierung, Mo.–Do. 17–22.30, Fr. 17–23, Sa. 12–23, So. 12–22 Uhr).

•8 [F2] **Darwin** ✿, 87 quai des Queyries, https://darwin.camp

Ausflüge ins Umland

Weintour im Médoc

Sechs Weinrouten führen durch die Weinregionen rund um Bordeaux und die Tour ins Médoc heißt aus gutem Grund „Route des Châteaux“. Die schöne Tour durch das „Land der Mitte“ zwischen Atlantik und Flussmündung führt bis zur Stadt Pauillac. Wohlproportionierte, scheinbar einem Märchenbuch entsprungene Schlösser, Winzerdörfer mit berühmten Namen und kleine Orte mit stattlichen Bürgerhäusern aus Kalkstein prägen das Tiefland längs der Garonne.

Der **Weinbau** beherrscht das Landschaftsbild rund um Bordeaux, gepflegte Rebfelder mit tadellos geraden Reihen ziehen sich auch im Médoc entlang der Gironde. Die rund 1500 Weingüter der Halbinsel, eine der bekanntesten Weinregionen der Welt, bewirtschaften Rebflächen von 16.350 Hektar, was etwa dem (drittgrößten) deutschen Weinbaugebiet Baden entspricht, und produzieren rund 100 Millionen Flaschen Wein. Als Halbinsel zieht sich die Region zwischen Atlantik und Gironde etwa 80 Kilometer nach Norden.

Die Route des Châteaux führt als schönste der Weinrouten zu einigen

Bordeaux-Weine

In vielen Regionen rund um die Welt werden hervorragende Weine produziert, doch kein Anbaugebiet hat sich ein vergleichbares Renommée erworben wie die Lagen rund um Bordeaux. Ein teils schwindelerregendes Preisniveau für überragende Spitzenweine ist die Folge. Seit Anfang der 1990er-Jahre hat die Preisschraube enorm angezogen, manche hochwertigen Bordeaux-Weine verteuerten sich um mehr als tausend Prozent. Unbezahlbar und völlig überzogen? Es ist gar nicht gesagt, dass man die großen Namen überhaupt bekommt: Bestimmte Grand Crus mit nur geringen Produktionsmengen gelangen gar nicht erst auf den Markt, da sie schon reserviert sind.

Römische Siedler brachten Rebstöcke für den Eigenbedarf mit, um auf Importe verzichten zu können und sich von dem langen und kostspieligen Transport aus Italien unabhängig zu machen. Schon Plinius und Ausonius hoben die Qualität der Bordeauxweine hervor. Während der eine als römischer Offizier seine Eindrücke auf Dienstreisen gewann, besaß der in Bordeaux geborene spätantike Dichter und Staatsmann Ausonius (310–395) neben einem Stadthaus selbst ein Weingut in der Nähe der Stadt. Schon bald belieferten die Römer mit Bordeaux-Weinen auch ihre Reichsteile in Britannien sowie westlich und nördlich der Alpen.

Ab dem 12. Jh. nahm der Handel mit Bordeauxweinen noch mal zu, als Aquitanien durch die Heirat von Eleonore mit Heinrich Plantagenet unter englische Herrschaft geriet. Der Export begründete den Reichtum der Stadt. Doch auch schwierige Zeiten blieben den Winzern nicht erspart: Reblaus, echter und falscher Mehltau, zwei Weltkriege und die Weltwirtschaftskrise 1929 ließen den Wohlstand schwinden. Erst seit den 1950er-Jahren sorgten neue önologische Methoden im Weinberg und im Keller wieder für Aufschwung. Heute sind die Rotweine auf der ganzen Welt berühmt und weltweit gefragt.

Schlössern und Dörfern und folgt weitgehend der D2. Kurz hinter Saint-Julien-Beychevelle ist das **Château Latour** das erste von mehreren „klingenden" Namen. Während die Etiketten der Weine ein nicht mehr existierender früher Turm ziert, entwickelte sich der Taubenturm des Weinguts zu einem viel fotografierten Motiv.

Architektonisch sehenswert ist das weltberühmte **Château Margaux.** Zwar gibt es einen kleinen Besucherempfang, doch ansonsten kann man nur durch ein großes schmiedeeisernes Tor einen Blick von fern auf das neoklassizistische Schlösschen mit einer schönen alten Allee werfen.

Wer sich auf die Schlössertour macht, sollte einen kurzen Abstecher zum **Fort Médoc** einplanen. Die Zitadelle an der Gironde ist ein Werk des berühmten Festungsbaumeisters Vauban (der für Ludwig XIV. fast 160 solcher Forts an den Grenzen des Königreichs plante) und wurde Ende des 17. Jh. erbaut. Man muss zwar Eintritt zahlen, aber ansonsten liegt das Gelände recht verlassen. Jenseits der Wassergräben gelangt man durch die Porte Royale und das Corps de Garde genannte Gebäude in das Innere des Forts. Einige verstreute Bauten stehen noch, etwa eine Zisterne, das Pulvermagazin und das Corps

Je nach Bodenqualität, Mikroklima, Rebsorte, Pflanzdichte, Ertragsbeschränkung und Keltermethode produzieren die Winzer der Region eine Vielfalt an edlen Tropfen. Fünfundachtzig Prozent der produzierten Weine sind Rotweine und Rosés, wichtigste Rebsorten für Rotweine Merlot, Cabernet Sauvignon und Cabernet Franc, für Weißweine Sauvignon, Sémillon und Muscadelle. Ihnen allen macht der Klimawandel zu schaffen, so verträgt etwa der Merlot Hitze nicht gut und die Winzer experimentieren gezwungenermaßen mit neuen Rebsorten.

Ein Drittel wird exportiert (damit bestreitet die Region die Hälfte des französischen Weinexports insgesamt). 9000 Weingüter produzieren nicht nur 6 Mio. Hektoliter bzw. 700 Mio. Flaschen – sie laden auch zu Verkostungen und Château-Besichtigungen. Von der Touristeninformation (s. S. 114) in Bordeaux aus starten täglich Touren in die Weinbauregionen und zu den weltberühmten Schlössern.

Rund um Bordeaux liegen die Anbaugebiete Côtes de Bordeaux, Graves und Sauternes, Médoc, Blaye und Bourg, Saint-Emilion, Libournais und Entre-Deux-Mers. Knapp 120.000 ha sind mit Reben bepflanzt: Gerade weil das Weinbaugebiet das größte Frankreichs ist, es rund 65 AOP gibt (Appellation d'Origine Protégée, kontrollierte Herkunftsbezeichnungen) und angeblich an die 17.000 unterschiedliche Etiketten mag sich das erschreckend unübersichtlich anhören. Doch zugleich bietet die Vielfalt die Gewähr, dass nicht ausschließlich Menschen mit einem dicken Plus auf dem Konto Bordeauxweine erwerben können. Manche Châteaus sind elegante Herrensitze und ihre Eigentümer millionenschwer. Doch wem die Preise für deren Abfüllungen zu abgehoben sind und wer kein Etikettentrinker ist, kann sich bei den kleinen Weingütern umschauen und dort erstaunliche Entdeckungen machen, denn im Konkurrenzkampf ist Qualität ein schlagendes Argument.

de Garde am Flussufer. Das Militärbauwerk bei Cussac-Fort-Médoc sollte Bordeaux gegen Angreifer verteidigen, die sich auf dem Wasserweg der Stadt näherten – zusammen mit der Zitadelle in Blaye am anderen Ufer und dem Fort Paté auf der Île Paté.

★9 **Fort Médoc,** 34 avenue du Haut Médoc, 33460 Cussac-Fort-Médoc, Tel. 0556589840, www.cussac-fort-medoc.fr, Feb., März, Nov. Sa./So. 13–17 Uhr, April, Okt. tägl. 10–18 Uhr, Mai–Sept. tägl. 10–19 Uhr, Eintritt 4 €, ermäßigt 3 bzw. 1 €

Vor der Rückkehr eignet sich das Städtchen **Pauillac** gut für eine Rast. Am Uferkai vor dem Jachthafen wendet eine ganze Reihe von Restaurants ihre Terrassen dem Wasser zu. Hinter dem Ort folgen mit **Château Mouton-Rothschild** und **Château Lafite-Rothschild** zwei weitere Legenden der Weinwelt.

ⓘ10 **Office de Tourisme Pauillac,** La Verrerie, Tel. 0556590308, www.pauillac-medoc.com, www.medoc-bordeaux.com

Das **Château Cos d'Estournel** befindet sich in Saint-Estèphe direkt an der Route du Vin (D2). Mit seinen pagodenartigen Türmen ist der große Fasslagerkeller der Orient- und Asienmode des 19. Jahrhunderts verpflichtet. Angeblich stammt die geschnitzte Holztür aus dem Sultanpalast von Sansibar und Bauherr Louis Gaspard d'Estournel (1762–1853) wurde „Maharadscha von Saint-Estèphe" genannt. Von Saint-Estèphe führt die N 125 zurück nach Bordeaux.

☒ *Noch länger als Bordeaux hat Saint-Emilion UNESCO-Welterbestatus*

Weingüter

In fast keines der berühmten Weingüter kann man einfach so hineinspazieren, der vornehme Weinadel legt Wert auf Voranmeldung und eine kaufkräftige Klientel. Wer einen Blick in den Weinkeller eines der bekannten Châteaux werfen möchte, muss sich wegen der oft limitierten Teilnehmerzahl **rechtzeitig anmelden** – möglichst vorab. Im **August** und **während der Weinlese** sind meist **keine Besichtigungen** möglich.

Dennoch sind Weinproben direkt beim Winzer durchaus zu empfehlen. Neben den großen Namen gibt es **zahllose kleine Châteaux,** die weniger herrschaftlichen Anwesen ähneln als Winzer- und Bauernhöfen. Hier kann meist auch Wein gekauft werden. In allen Fällen ist eine **Voranmeldung** zu empfehlen. Behilflich sind das Touristenbüro in Bordeaux (s. S. 114) und die beiden Maison du Vin in Bordeaux (s. S. 35) und Saint-Emilion (s. S. 56). Informieren kann man sich zudem über die Website www.medoc-bordeaux.com (Contactez-nous).

- 11 **Château Cos d'Estournel,** 33180 Saint-Estèphe, www.estournel.com
- 12 **Château Lafite-Rothschild,** 33250 Pauillac, Tel. 0556731818, www.lafite.com
- 13 **Château Latour,** 33250 Pauillac, Tel. 0556731980, www.chateau-latour.com
- 14 **Château Margaux,** 33460 Margaux, Tel. 0557888383, www.chateau-margaux.com, Besichtigung nach vorheriger Anmeldung Mo.–Fr. möglich
- 15 **Château Mouton-Rothschild,** 33250 Pauillac, Tel. 0556732129, www.chateau-mouton-rothschild.com, Besichtigung nach vorheriger Anmeldung möglich

33 Saint-Emilion ★★★

Auf einem Hügel zwischen Weinbergen liegt das Bilderbuchdorf Saint-Emilion, das sich in einen Hangeinschnitt aus Kalkstein schmiegt. Durch mittelalterliche Gassen schlendern, die größte unterirdische Kirche Frankreichs besichtigen und vom Tour du Roy den Blick auf die Weinberge genießen, um anschließend ein Glas Wein der berühmten Appellation zu trinken – so lernt man den Ort von seiner schönsten Seite kennen.

Am Anfang der Geschichte standen die Mönchsklause eines Eremiten und die spätere Gründung eines Klosters, dessen Kirche aus dem Felsen geschürft wurde. Im 9. Jahrhundert wurde eine der **größten Höhlenkirchen Europas** Stück für Stück aus dem Fels gehauen. Im 12. Jahrhundert wurde ein Turm über der Kirche errichtet, der das Fundament für den gotischen, im 15. Jahrhundert darauf gesetzten Glockenturm bildet. Der weithin sichtbare Turm hoch über der Kirche stellt aber durchaus ein statisches Problem dar und es werden mittlerweile Befürchtungen laut, der durchlöcherte Untergrund sei dem enormen Gewicht nicht dauerhaft gewachsen.

Auf die im Untergrund verborgene Kirche verweist nur ein kleines gotisches Portal, doch im Innern wirkt die **Eglise monolithe** dank ihrer Höhe nicht katakombenhaft: Die höchste unterirdische Kirche in ganz Frankreich ist 11 Meter hoch und fast 40 Meter lang.

Sarazenen und Normannen brannten **Saint-Emilion** nieder, im Hundertjährigen Krieg stritten Engländer und Franzosen um die Besitzverhältnisse. Im tief ausgehöhlten Felshang

MEIN TIPP

Einkehren in Saint-Emilion

Vor schöner Kulisse sitzt man am Glockenturm und auf der Place du Marché. Einkehrtipps etwas unterhalb dieser belebtesten Ecken sind Le Jardin d'Amelie mit Grillgerichten im kleinen Garten und das rustikale Weinbistro Ô Trois Fontaines.

- 16 **Le Jardin d'Amelie** €€, 20 rue de la Porte Bouqueye, Tel. 0668623707, tägl. 12–21.30 Uhr
- 17 **Ô Trois Fontaines** €€, 19 rue de la Porte Bouqueyre, Tel. 0981857604, tägl. 12–15 und 18–22.30 Uhr

finden daher auch unterirdische Weinkeller Platz – weil das befestigte Dorf mehrfach belagert wurde, erstreckt sich unter den Häusern ein verwinkeltes System an Kellern und Gängen.

Dass der Ort in seiner Geschichte oftmals umkämpft war, davon zeugen auch die wehrhafte **Stadtmauer** aus dem Mittelalter, die fast unbeschädigt die Jahrhunderte überstand, der wuchtige **Donjon** und die drei **Stadttore** Porte Bourgeoise, Porte Bouqueyre

027bd-gk

MEIN TIPP

Maison du Vin

In einem historischen Gebäude vereint das Weinhaus eine Weinschule, die täglich um 11 Uhr zur Degustation lädt, eine Weinhandlung, die rund 450 Châteaux-Weine zum Herstellerpreis führt, und eine Ausstellung zum Wein.

- •19 **Maison du Vin (Saint-Emilion),** Place Pierre Meyrat, Juli/Aug. tägl. 9.30–19 Uhr, April–Juni und Sept./Okt. tägl. 9.30–12.30 und 14–18.30 Uhr, Nov.–März tägl. 10–12.30 und 14–18 Uhr, www.maisonduvinsaintemilion.com

und Porte Brunet. Der schöne mittelalterliche Ort rund 45 km östlich von Bordeaux ist als **UNESCO-Weltkulturerbe** klassifiziert und hat zudem einen guten Namen bei Weinkennern – entsprechend viele Besucher machen sich auf den Weg dorthin. Als Touristenmagnet ganz auf Gäste eingestellt, war Saint-Emilion schon für die Jakobspilger eine viel besuchte Station auf dem Pilgerweg nach Santiago de Compostela.

Ab dem 17. Jahrhundert entwickelte sich der Ort zu einem der bekanntesten **Weinanbaugebiete** der Welt. Zahlreiche Weinhandlungen verkaufen die Tropfen der Region, noch mehr Restaurants kommen der Nachfrage nach, beim Besuch des Orts einzukehren.

Heute erhebt sich der 133 Meter hohe **Glockenturm** *(clocher)* der Eglise monolithe inmitten des verwinkelten Gewirrs enger Gassen. Einen schönen Überblick über Mauern und Dächer der kleinen Altstadt gewinnt man vom Platz vor dem Turm, von der Begrenzungsmauer blickt man auf die Place du Marché unterhalb. Wer möchte, kann auch noch den Ausblick vom Turm genießen – 196 Stufen geht es hinauf.

Ein schöner Blick bietet sich vom mächtigen **Donjon**, dem **Tour du Roy** genannten Wehrturm aus dem 13. Jahrhundert und einzigen Überrest des Château du Roi, der Saint-Emilion weit überragt. Am dritten Sonntag im September verkünden dort die Mitglieder der Jurade, der Weinbruderschaft, in einer aufwendigen Zeremonie den Beginn der Weinlese und im Juni das „Jugement du Vin Nouveau", die Beurteilung des neuen Weins.

Wer noch weiter durch die Gassen von Saint-Emilion streift, kann die Kollegiatskirche und ihren Kreuzgang entdecken, ein Mauerfragment mitten in den Weinfeldern, das ursprünglich zur Klosterkirche der Dominikaner gehörte, und Teile eines weiteren spätgotischen, im 14. Jahrhundert begonnenen Kreuzgangs vom Kloster der Franziskaner.

- › **Anfahrt:** über N89 und D1089, Fahrzeit etwa 45 Minuten, Parkplätze nur außerhalb des Dorfs
- ℹ18 **Office de Tourisme Saint Emilion,** Place des Créneaux, 33330 Saint-Emilion, Tel. 0557552828, www.saint-emilion-tourisme.com, tägl. 10–12.30 und 14–17 Uhr, im Sommer durchgehend bis 18/19 Uhr. Die Auskunft hält auch für Kurzbesucher wertvolle Infos zu den Sehenswürdigkeiten, Einkehrmöglichkeiten und Weingütern der Region bereit.
- › Besichtigung der Höhlenkirche **Eglise monolithe** nur im Rahmen einer Führung, zu buchen beim Office de Tourisme: 5 €, Kinder unter 6 Jahren frei, Dauer etwa 45 Minuten
- › **Glockenturm (clocher):** Feb.–Dez., Eintritt 2 €, Familien 5 €, Kinder unter 6 Jahren frei
- › **La Tour du Roy (Donjon):** Feb.–Dez., Eintritt 2 €, Kinder unter 6 Jahren frei

BORDEAUX ERLEBEN

093bd-gk

Bordeaux für Kunst- und Museumsfreunde

Museen

Ein knappes Dutzend Museen gibt es in Bordeaux, die von Design bis zur Geschichte des Zolls ein breites Spektrum an Themen und Kunstrichtungen umfassen. Mit dem **Bordeaux Métropole City Pass** (s. S. 129) ist der Eintritt in die meisten gratis.

20 [D2] **CAPC – Musée d'Art Contemporain.** Museum für zeitgenössische Kunst in einem sehenswerten ehemaligen Hafenspeicher für Kolonialwaren, dem Entrepot Lainé (s. S. 40).

22 [df] **Cap Sciences.** Das Wissenschafts- und Technologiezentrum am Garonne-Ufer bringt in wechselnden Ausstellungen Themen der Forschung von Archäologie bis Ökonomie interaktiv und spielerisch näher (s. S. 42).

9 [C5] **Centre Jean Moulin.** Ausstellung zur Widerstandsbewegung in Frankreich während der deutschen Besatzung und dem Zweiten Weltkrieg (s. S. 30).

23 [df] **Cité du Vin.** Anschaulich und mit allen Sinnen erlebt der Besucher die Welt des Weins im modernen architektonischen Wahrzeichen von Bordeaux am Ufer der Garonne. Mit Panoramaterrasse, Restaurant und Weinhandlung (s. S. 42).

•20 **Cité Frugès,** 4 rue Le Corbusier, Bus 4: Monteil, Führungen nach Reservierung unter Tel. 0557936540, www.pessac.fr (Menü: À découvrir/Tourisme & Patrimoine/Cité Frugès – Le Corbusier), Besichtigung nur mit Führung (nur auf Französisch), Anmeldung wochentags beim Kiosque Culture & Tourisme unter Tel. 0557936540, Sa./So. bei der Cité Frugès unter Tel. 0556365646. Mitte der 1920er-Jahre baute Le Corbusier in Pessac für den Industriellen Henri Frugès eine radikal moderne Werkssiedlung, die heute unter Denkmalschutz steht. Für den Architekten war dies eine seiner ersten städteplanerischen Arbeiten – damals galt die kubische Betonarchitektur als skandalös. Für die rund 50 Häuser (von 130 bis 150 geplanten) entwarf Le Corbusier sechs Varianten (von „Zickzack" über den „Zwilling" bis zum „Wolkenkratzer"). 2016, ein Jahr nach seinem 50. Todestag, wurden die Bauten in das UNESCO-Weltkulturerbe aufgenommen.

Vorseite: Der La Boca Foodcourt (s. S. 64) im Viertel Euratlantique ist kunstvoll beleuchtet

21 [A1] **Institut Bernard Magrez,** Château Labottière, 16 rue de Tivoli, Tram C: Barrière du Médoc, Tel. 0556817277, www.institut-bernard-magrez.com, Sa./So. 13–18 Uhr, Eintritt: 11 €, ermäßigt 9 €, Kinder unter 12 Jahren frei. Namensgeber Bernard Magrez macht im eleganten Château Labottière seine Privatsammlung moderner Kunst zugänglich.

22 [E7] **MEB – Musée d'Ethnographie de l'Université de Bordeaux,** 3ter place de la Victoire, Tram B: Victoire, Tel. 0557571897, https://meb.u-bordeaux.fr, Mo.–Do. 14–18 Uhr, Fr. 10–12 Uhr, Eintritt: je nach Ausstellung. Das Museum entstand, als 1894 die Universität ein „Institut colonial" erhielt – damit gehört es zu den ältesten ethnografischen Samlungen Frankreichs. In Wechselausstellungen werden immer wieder Teile der vor allem in der Kolonialzeit zusammengetragenen Exponate der Öffentlichkeit zugänglich gemacht.

6 [D6] **Musée d'Aquitaine.** Die Geschichte Bordeaux' und der Region Aquitanien – von der Vorgeschichte über das römische Burdigala bis zur Gegenwart – und vom Übersee- und Sklaven- bis zum Weinhandel (s. S. 27).

23 [df] **Musée de la Mer et de la Marine,** 89 rue des Etrangers, Tram B: Rue Achard, www.mmmbordeaux.com, Di.–So. 10.30–19 Uhr, Eintritt 14 €, erm. 10–11 €, unter 6 Jahre frei. Das Musée de la Mer et de la Marine an den Bassins à flot **24** präsentiert anhand von Schiffsmodellen, Bildern, Filmen und Kunstwerken die Geschichte der Seefahrt.

12 [C5] **Musée des Arts Décoratifs et du Design.** Eine schöne Sammlung an Möbeln, Kunstgegenständen, Bildern, Silber und Porzellan aus der reichen Geschichte von Bordeaux ist zu stilvollen Interieurs zusammengestellt (s. S. 32).

11 [C6] **Musée des Beaux-Arts.** Meisterwerke der klassischen und modernen Malerei von Corot und Tizian bis zu Matisse und Picasso (s. S. 31).

21 [E1] **Musée du Vin et du Négoce.** Kleines Privatmuseum zur Geschichte des Weins in einem ehemaligen Weinhändlerhaus im Chartrons-Viertel (s. S. 41).

24 [D6] **Musée Goupil,** 30 cours Pasteur, Tram B: Musée d'Aquitaine, Tel. 0556016940, www.musee-aquitaine-bordeaux.fr, bei Ausstellungen Di.–So. 11–18 Uhr. Die Sammlung (im Gebäude des Musée d'Aquitaine) bewahrt Dokumente, Drucke, Druckvorlagen und Fotografien der Zeitungsdynastie Goupil – nur Wechselausstellungen.

2 [E5] **Musée National des Douanes.** Das Museum im Hôtel de Fermes du Roi, bis heute Sitz der Zolldirektion, widmet sich mit Bildern, Dokumenten, Uniformen und ein paar Beispielen für Schmuggelware der Geschichte des Zolls und der Zöllner (s. S. 23).

25 [C3] **Muséum de Bordeaux – Sciences et Nature,** 5 place Bardineau, Tram C: Jardin Public, Tel. 0524576530, www.museum-bordeaux.fr, Di.–So. 10.30–18.30, Okt.–März bis 17.30 Uhr, Eintritt: 6 €, wenn Wechselausstellungen gezeigt werden 8 €, ermäßigt 2–4,50 €. Das Naturkundemuseum am Jardin Public **17** zeigt Wechselausstellungen und seine große zoologische Sammlung.

Schiffsmodelle im Musée de la Mer et de la Marine

096bd-gk

Kunstgalerien und Ausstellungsorte

› **Arc en rêve,** im CAPC 20, Tel. 0556527836, www.arcenreve.eu, Di.-So. 11-18 Uhr, zweiter Mi. im Monat bis 20 Uhr. Das Architekturzentrum gehört zum CAPC und organisiert dort Wechselausstellungen. Eintritt im Museumseintritt enthalten.

› **Bassins des Lumières.** Auf Wände und Wasser des gigantischen U-Boot-Bunkers in den Bassins à flot 24 werden mit zahllosen Videoprojektoren berühmte Kunstwerke projiziert - eine beindruckende digitale Show aus Licht und Ton (s. S. 44).

26 [B5] **Espace29,** 29 rue Fernand Marin, Tram A: Mériadeck oder Tram B: Gambetta, Tel. 0556511809, www.espace29.com, Mi.-Fr. 14-18 Uhr, Eintritt frei. Die Galerie organisiert Wechselausstellungen junger Künstler und unterstützt diese darüber hinaus, indem sie ihnen rund 20 Ateliers zur Verfügung stellt.

27 [D4] **Espace Saint-Rémi,** 4 rue Jouannet, Tram B: Grand Théâtre, Tel. 0524576560, www.bordeaux.fr, Öffnungszeiten wechselnd je nach Ausstellung, meist Di.-So. 14-19 Uhr, Eintritt: frei. Die ehemalige Kirche Saint-Rémi bildet den ganz eigenen Rahmen für wechselnde Foto- und Kunstausstellungen der städtischen Galerie.

28 [di] **La MÉCA,** 54 quai de Paludate, Haltestelle: Gare Saint-Jean, www.lameca.com, FRAC und Terrasse Mi.-So. 13-18, La MÉCA Mo.-Fr. 9-18 Uhr, Höhe des Eintritts frei wählbar, mind. 1 €. Das „Haus der kreativen Wirtschaft und der Kultur in der Nouvelle-Aquitaine" wurde 2019 in einem imposanten Bau des dänischen Architekten Bjarke Ingels am Ufer der Garonne eröffnet. Mit einer Länge von 120 und einer Höhe von 37 Metern sowie der Öffnung in der Mitte soll es ein modernes Tor in die Stadt darstellen. Das Zentrum MÉCA beherbergt verschiedene Kulturorganisationen der Region Nouvelle-Aquitaine, unter anderem FRAC (Regionaler Fonds für zeitgenössische Kunst), das hier Ausstellungen zeigt. Zugänglich sind außerdem die Dachterrasse und ein Café. Der Bereich zur Garonne wird noch zur grünen Promenade umgestaltet.

29 [df] **Le Garage Moderne,** 1 rue des Etrangers, Tram B: Rue Achard, Tel. 0556509133, www.legaragemoderne.org, Werkstatt Mo.-Do. 8.30-12.30 und 13.30-16.30, Fr. 8.30-13 Uhr, Radwerkstatt Mo.-Fr. 8.30-17.30 Uhr. Die Non-Profit-Werkstatt hilft als „Atelier associatif" bei der Reparatur von Autos und Fahrrädern, fungiert aber auch als Ort für Ausstellungen, Konzerte und andere kulturelle Events - in einer riesigen Fabrik mit 16 Meter hohen Hallen, in der von der Firma Dyle et Bacalan einst Flugzeugteile produziert wurden. Zwei alte Busse dienen als Büros, an der Bar bekommt man einen Pfefferminztee. Die Mischung aus Werkstatt, Party Location und Industriedenkmal ist selbst für Bordeaux einzigartig und echt cool.

30 [df] **Les Vivres de l'Art,** 2 rue Achard, Tram B: Rue Achard, www.lesvivresdelart.org, Galerie Di.-Fr. 14-18 Uhr. 2003 erhielt der Bildhauer Jean-François Buisson eine zunächst nur befristete Erlaubnis, die Vivres de la Marine als Atelier zu nutzen. Von diesen einst riesigen Proviantmagazinen der französischen Marine aus dem 18. Jahrhundert sind nur noch Teile erhalten, die inzwischen dauerhaft für Kunstausstellungen und andere Events genutzt werden.

› *Jeroboam oder Nebukadnezar heißen solche Flaschengrößen, die größte fasst 18 Liter!*

Bordeaux für Genießer

Die Küche Südwestfrankreichs

Wo es gute Weine gibt, ist auch die Küche hervorragend: Dieses Klischee bewahrheitet sich zumindest in Bordeaux auf das Erfreulichste. Weil die Stadt auf Zutaten von Land und Meer zurückgreifen kann, ist sie ohnehin bestens aufgestellt. **Frischer Fisch** kommt aus dem Atlantik und den Flüssen, Austern *(huitres),* Miesmuscheln *(moules)* und andere **Meeresfrüchte** aus dem Bassin d'Arcachon oder aus dem Atlantik vor Marennes und der Île d'Oléron – die Bandbreite reicht von Venusmuscheln über Garnelen, Langostinos, Hummer und Krebse bis zu Meerschnecken, Meerspinnen und Seeigeln. Ein **Plateau de fruits de mer** (Meeresfrüchteplatte) krönt den Besuch im Fischrestaurant – auf Eis türmen sich Austern, Muscheln, Krebse, Garnelen und alles, was das Meer hergibt. Wer dagegen eine **Assiette du Pêcheur** bestellt, kann mit mehreren Sorten Fisch auf dem Teller rechnen, unter den Meeresfischen werden vor allem Wolfsbarsch *(loup de mer),* der schollenartige Plattfisch Limande und Dorade (Goldbrasse) geschätzt. Unter den Süßwasserfischen sind als lokale Spezialitäten häufig Aal *(anguille)* und Neunauge *(lamproie),* daneben Zander *(sandre)* und Forelle *(truite)* vertreten.

Mindestens genauso vielfältig bereiten die Köche des Südwestens das hochwertige, bevorzugt aus regionaler Produktion stammende **Fleisch** zu, von den Blonde-d'Aquitaine-, Bazadaise- oder Aubrac-Rindern, vom schwarzen Bigorre-Schwein aus den nahen Pyrenäen sowie vom Pauillac-Lamm. Auch auf gute **Freilandhühner** (die Poulet jaunes werden mit Mais gefüttert) greift man gern zurück. Daneben gibt es in Gascogne und Périgord viele **Enten- und Gänsezüchter.** Das Geflügelfleisch wird gerne als Confit serviert, im eigenen Fett eingemachte Keulen, die Gänseleber gibt es auch in Pastetenform.

Zu den **Spezialitäten** gehören Foie Gras, die wegen der Zuchtweise umstrittene, in Frankreich aber sehr geschätzte Stopfleber, Stör-Kaviar von der Gironde-Mündung, ausgezeichnete Wurstwaren, Spargel aus den nahen Landes an der Atlantikküste, Trüffel *(truffes)* und Nüsse aus dem Périgord, aber auch Steinpilze *(cèpes),* Morcheln *(morilles)* und Pfifferlinge *(girolles)* geben Gerichten ein unvergleichliches Aroma.

Vielfältig ist auch die Auswahl an **Käsesorten, Kuchen und Backwaren.** Neben der Spezialität von Bordeaux, den Cannelés (s. S. 11), haben auch die Macarons ihren Ursprung in der Nähe: 1620 soll eine Nonne aus Saint-Emilion sie erfunden haben.

038bd-gk

Auf der Menükarte

Anguilles à la bordelaise	Aal auf Bordelaiser Art
Cèpes à la bordelaise	Steinpilze mit Petersilie
Chipirons à la basquaise	Tintenfisch in Tomatensoße
Coquilles Saint-Jacques	Jakobsmuscheln
Gigot d'agneau à la bordelaise	Lammkeule mit Steinpilzen
Grenier Médocain	eine lokale Kuttelwurst
Lamproie au vin rouge	Neunauge in Rotweinsoße
Magret de canard	Entenbrust
Mouclade	Muscheln in Sahnesoße
Moules	Miesmuscheln
Piperade	baskisches Paprika-Omelett
Plateau de fruits de mer	Meeresfrüchteplatte
Poule au pot	Hühnereintopf
Salade aux gesiers	Salat mit Geflügelmagen
Tourin à l'ail	Brühe mit ordentlich Knoblauch
Tourain bordelais	Zwiebelsuppe mit Knoblauch
Tricandilles	Schweinekutteln mit Knoblauch
Ttoro	die baskische Variante der Bouillabaisse

Noch mehr Begriffe finden sich im Kauderwelsch-Band „Französisch kulinarisch – Wort für Wort" aus dem Reise Know-How Verlag. Dieser „Essdolmetscher" wird Sie beim Einkaufen und im Restaurant in Bordeaux vor Überraschungen bewahren und hilft Ihnen, die Stadt als echter Feinschmecker zu entdecken. Mit Kurzeinführung in die französische Sprache.

Weil das Baskenland und Spanien nah sind, findet man auch Lokale, die **spanische Tapas und baskische Pintxos** servieren, die bunten Häppchen, die den Feierabend einleiten. Der luftgetrocknete **Schinken** aus Bayonne und das feurige **Piment d'Espelette** (die roten Schoten aus dem Dorf Espelette werden zu Pulver und Flakes verarbeitet oder im Ganzen getrocknet) sind über die Grenzen des Baskenlands hinaus bekannt. Bayonne gilt daneben auch als **Schokoladenhauptstadt** Frankreichs.

Weil aber die junge Klientel nicht mehr gar so üppig und bodenständig tafeln will, ist auch das Angebot an urbaner, **unkomplizierter Küche** und **Streetfood** von Bagel über Burger bis zu vegetarischen und veganen Gerichten vielfältig.

Die Welthauptstadt des Weins

Die Winzer im Bordelais produzieren die **edelsten Weine der Welt**, für die teilweise vier- oder fünfstellige Summen berappt werden. Neben den großen, zur Legende gewordenen Châteaux von Lafite-Rothschild über Château Margaux bis zum Château Latour (s. S. 54) gibt es aber auch Preis-Leistungs-Wunder in der Einstiegsklasse bis 15 €: Unter den 700 Mio. Flaschen Wein, die in Frankreichs größtem Anbaugebiet auf fast 120.000 ha produziert werden – das macht etwa ein Sechstel der gesamten französischen Produktion aus – ist natürlich keineswegs nur die Oberliga der Grand Crus vertreten, sondern auch **Weine für den Alltag.** Für günstigeren Trinkgenuss sollte man also nicht nach Namen kaufen, sondern probieren, probieren, probieren. In Bordeaux sind sogar Weinbars darauf eingestellt und bieten teils Minimengen im Glas an (als Probierschluck zu 3 cl).

Wer an Bordeaux denkt, hat meist nur eine Farbe vor Augen: bordeauxrot. Da erstaunt es viele, welche eleganten, teils fruchtigen, teils kräftigen **Weißweine** produziert werden, vor allem aus den Rebsorten Sémillon, Sauvignon und Muscadelle. Die **Rotweine** sind häufig Cuvées, also Verschnitte aus mehreren Rebsorten (in Frankreich *Assemblage* genannt) – am stärksten verbreitet sind Merlot, Cabernet Sauvignon und Cabernet Franc. Zur Auswahl steht jedenfalls eine überaus abwechslungsreiche Palette an Weinen, die auch Süß- und Schaumweine, Rosé und Clairets umfasst.

Im Restaurant

Das **Frühstück** spielt in Frankreich eine untergeordnete Rolle. Ein Stück Baguette, etwas Butter und Marmelade zum Milchkaffee und das war's schon. Dafür geht man **mittags** essen, wann immer es möglich ist. Viele Restaurants haben sich auf kurze Büropausen und veränderte Essgewohnheiten, etwa von Vegetariern, Veganern und Menschen auf Diät, eingestellt. Sie bieten eine preisgünstige „formule" an, entweder nur Vorspeise und Hauptgericht oder Hauptgericht und Dessert. Das Angebot richtet sich an Touristen und eilige Berufstätige, die keine Zeit für eine ausgiebige Mahlzeit haben. Auch Bistros und Cafés bieten mittags kleine Gerichte, Sandwiches, Quiches, Salate und die allgegenwärtigen Burger an.

Abends ist es nach wie vor üblich, ein Menü aus drei Gängen zu ordern. Vorspeise, Hauptgericht und Dessert kann man sich selbst von der Karte zusammenstellen oder ein festgelegtes Menü wählen. Letzteres ist meist etwas günstiger, nur den Wein und den Kaffee muss man als Posten dazurechnen. A la carte fällt die Rechnung höher aus, denn einzeln sind die Gerichte teurer.

In Restaurants und Cafés ist die Bedienung zwar in der Regel im Rechnungsbetrag inbegriffen, doch ist es durchaus üblich, darüber hinaus etwa 5 bis 10 % der Summe als **Trinkgeld** zu geben.

Die **Essenszeiten** sind gegenüber dem mitteleuropäischen Durchschnitt leicht verschoben. Das Mittagessen beginnt etwa ab 12.30 Uhr, einen Tisch für das Abendessen reservieren Lokale in der Regel ab 19.30 Uhr. In den meisten Restaurants ist die Küche mittags bis etwa 14.30 Uhr und abends bis 22.30 Uhr geöffnet. Nachmittags und nach 23 Uhr gestaltet es sich schwierig, noch etwas Warmes

MEIN TIPP

Lillet

Der berühmte **Aperitif** aus verschiedenen weißen (Sémillon) oder roten (Merlot) Bordeaux-Weinen und Fruchtlikör wird in Frankreich vorzugsweise pur genossen, in Deutschland gerne mit Tonic aufgegossen oder als Bestandteil von Cocktails und Longdrinks gemixt. Er ist in drei Sorten erhältlich: als Lillet Blanc, Lillet Rouge und Lillet Rosé.

serviert zu bekommen, außer man weicht auf Fast-Food-Lokale aus. In allen Restaurants, Bistros und Cafés gilt ein **generelles Rauchverbot.**

Rund um Place du Parlement und Place Saint-Pierre und in den angrenzenden Gassen reiht sich Lokal an Lokal. Aber auch im Chartrons-Viertel, am rechten Garonne-Ufer und rund um Saint-Michel warten einladende Lokale auf Gäste.

Empfehlenswerte Lokale

Mittagessen und Imbiss

31 [E6] **Boune** €, 22 rue Sainte-Colombe, Tram A: Place du Palais, Tel. 0983377610, Di.–Do. 11.30–20.30, Fr./Sa. 11.30–21, So. 11.30–18 Uhr. Das einladend helle, im Shabby Chic eingerichtete Ecklokal setzt Bowls, Pita, Vegetarisches und Veganes auf die Tageskarte. Außerdem im Angebot: Kaffee und Kuchen sowie frisch gepresste Säfte.

› **Chez Jean-Mi** €, Marché des Capucins 28, Tram B: Victoire, Tel. 0681202449, Di.–Fr. 7–14.30 Uhr, Sa./So. 9–15.30 Uhr. Die Atmosphäre an Stand 29 und 29B ist ungezwungen. An den wenigen Tischen drängen sich Jung und Alt: Mitten in der Markthalle befindet sich die Austernbar Chez Jean-Mi – kein Ort für mehrgängige Menüs und exklusives Speisen, sondern für frische Meeresfrüchte mitten im engen Gedränge des Markttrubels.

32 [D4] **Fufu Ramen** €, 37 rue Saint-Rémi, Tram C, D: Place de la Bourse, Tel. 0556521029, www.restaurant-fufu.com, keine Reservierung, möglich, tägl. 11.30–23 Uhr. In der japanischen Nudelbar setzt man sich einfach an den Tresen und bestellt Ramen (Suppe), Gyozas (Teigtaschen), Donburi (Reis) oder Yakisoba (Nudeln) mit Gemüse, Garnelen oder Fleisch. Vieles wird frisch im Wok gebrutzelt – eine echte asiatische Garküche.

Gastro- und Nightlife-Areale

Bläulich hervorgehobene Bereiche in den Karten kennzeichnen Gebiete mit einem dichten Angebot an Restaurants, Bars, Clubs, Discos etc.

33 [D1] **La Bocca** €, 78bis rue Notre-Dame, Tram B: Chartrons, Tel. 0557836966, www.epicerielabocca.com, Di./Mi., Fr./Sa. 12–22.30, Do. 12–14.30 Uhr. Der italienische Feinkostladen im Chartrons-Viertel fungiert als Deli, in dem man mittags Antipasti, Pasta, Risotto und belegte Brote bekommt. Auf die schmalen Gehwege der Rue Notre-Dame werden auch ein paar Tische gequetscht, damit man draußen essen kann. Weil die Tageskarte ständig wechselt, die Zutaten frisch und von guter Qualität sind, ist diese Adresse eine sichere Bank. Das zugehörige Restaurant Bocca a Bocca (75 rue Notre-Dame, Di.–Sa. 12–14.30 und 19.15–22 Uhr) ist auch ein Tipp für abends.

34 [di] **La Boca Foodcourt** €-€€, 83 Quai de Paludate, Tram C, D: Gare Saint-Jean, https://halleboca.com, Mo./Di. 10.30–14.30, Mi./Do. 10.30–24, Fr./Sa. 10.30–1, So. 10.30–23 Uhr. Der Foodcourt nach dem Vorbild des überaus erfolgreichen Time Out Market in Lissabon wurde in einer Halle am Quai de Paludate eingerichtet. Rings um die Weinbar in der Mitte stehen Hocker und Tische zur Verfügung, rund um die Halle bieten diverse Stände Tapas oder Pizza, Fisch und Geflügel, mexikanische oder japanische Gerichte an. An einer „Biermauer“ darf selbst gezapft werden.

35 [E5] **L'Avant-Comptoir du Palais** €€, 2 place du Palais, Tram A: Place du Palais, tägl. 12–24 Uhr. Zum Apéro trifft man sich gern an den zu Tischen

090bd-gk

umfunktionierten Fässern auf dem schönen Altstadtplatz. Der Pariser Gastronom Yves Camdeborde hat sein vorher schon in Paris erfolgreiches Konzept einer Mischung aus Wein- und Tapas-Bar nach Bordeaux exportiert. Weil die Küche durchgehend geöffnet ist, kann man sich hier auch nach und vor den klassischen Essenszeiten die hervorragenden Häppchen teilen.

36 [F2] **Magasin général** €, 87 quai des Qeyries, Tram A: Jardin Botanique, Tel. 0556778835, https://magasin general.camp, Bistro So.-Di., Do. 12-14.30, Mi., Fr./Sa. 12-14.30 und 19.30-22 Uhr, Café Mo./Di., Do. 8-19.30, Mi. 8-23, Fr. 8-23.30, Sa. 9-23.30, So. 9-19.30 Uhr. Bioladen, Bäckerei, Kaffeerösterei, Brauerei und das Bistro im Urban Industrial Shabby Chic, alle verarbeiten und verkaufen bevorzugt Bioprodukte und gehören zum Darwin-Kosmos (s. S. 51) mit Skatepark, Coworking-Büros und Urban Gardening. Im Bistro Selbstbedienung an einzelnen Ausgaben für Kaffee, Bier oder Essen.

37 [D6] **Homie's Kitchen** €, 36 rue des Ayres, Tram A: Sainte-Catherine, www.homieskitchen.fr, Mo., Do.-So. 10-17 Uhr. Im kleinen Coffeeshop stehen vormittags ein deftiges Frühstück mit Eggs Benedict oder Shakshouka und nachmittags selbst gebackener Kuchen zur Wahl, täglich ergänzt durch Sandwiches und Saisonales wie einen erfrischenden Wassermelonensalat im Sommer.

38 [D5] **Michel's** €, 15 rue du Pas-Saint-Georges, Tram C, D: Place de la Bourse, Tel. 0556813156, Mo.-Fr. 8.30-2, Sa./So. 9-2 Uhr, (Küche 12-14 und 19-23 Uhr). Die Plätze vor dem Ecklo-

Alternativ und ökologisch: das Bistro Magasin général

Preiskategorien
Die Preiskategorien beziehen sich auf ein Menü ohne Getränke.

€	bis 30 €
€€	30–45 €
€€€	über 45 €

kal füllen sich mittags schnell, weil die Tagesgerichte von der schwarzen Tafel zwar einfach sind, aber als zuverlässige Bistroklassiker ohne Schnickschnack den Geschmack des Publikums treffen. Zu den gern bestellten Klassikern auf der Karte gehören hier Croque Monsieur, Rindertatar, Salade Niçoise und Salade Lyonnaise, Entrecôte und Magret de Canard. Aus dem Mittagsbistro wird abends eine Brasserie und tagsüber ein Café.

Französische Klassiker

39 [C4] **Baud et Millet** €€, 19 rue Huguerie, Tram B: Gambetta, Tel. 0556790577, www.baudetmillet.com, Di.–Sa. 12–14.30 und 19–22 Uhr. Ein Paradies für Käseliebhaber! Das Lokal, das es bereits seit Mitte der 80er-Jahre gibt, ist mit Milchflaschen und karierten Tischdecken recht ländlich-rustikal dekoriert und eignet sich auch wegen der Menükarte eher für kühle Abende als für einen heißen Sommermittag. Hier wird Käse zelebriert – aus dem hauseigenen Keller. Auf der Karte stehen von flambiertem Camembert über Crumble mit Maroilles, Fondue und Raclette bis zum Tomme mit Morchelsoße nur Gerichte mit Käse. Große Weinkarte.

40 [E5] **Chamade** €, 8 place du Palais, Tram A: Place du Palais, Tel. 0557601679, https://chamademenu.myportfolio.com, Mi./Do., So. 9–18, Fr./Sa. 9–19 Uhr. Eine angesagte Adresse für Frühstück (bis 18 Uhr!) und Lunch, da das Angebot genau den Food-Trends der Generation Z entspricht: Essen nach Lust und Laune, mal Obstsalat, Granola, Pancakes und Porridge, mal lauter verschiedene kleine Gerichte der Fusion-Küche zum Teilen.

41 [D2] **Chez Dupont** €€, 45 rue Notre-Dame, Tram C: Place Paul Doumer, Tel. 0556814959, www.chez-dupont.com, Di.–Sa. 12–14.30 und 19–22.30 Uhr. Typischer geht es nicht – dieses alteingesessene und renommierte Restaurant im Chartrons-Viertel versammelt alles, was die französische Küche bietet, wenn sie gut ist: Hochwertige und marktfrische Zutaten wie Fleisch vom baskischen Rind oder Bigorre-Schwein und Fisch aus dem Atlantik werden modern und pfiffig zubereitet. Unbedingt reservieren, da das Restaurant und das benachbarte Bistro überaus beliebt sind.

42 [E5] **Dan** €€€, 6 rue du Cancéra, Tram C, D: Place de la Bourse, Tel. 0564285947, www.danbordeaux.com, Di.–Sa. 19.30–22 Uhr. Jérôme Billot vom Dan zählt zu den Köchen, die der Küche in Bordeaux ehrgeizig ein neues Profil geben, das auch Gourmets zufriedenstellt. Zusammen mit seiner Ehefrau Harmony führt er ein intimes kleines Lokal in der Altstadt. Für seine asiatisch inspirierte Küche nutzt er gerne lokale Produkte – auf der Karte stehen dann zum Beispiel Lamm mit Lotus, Artischocken, Morcheln und Hoisinsoße aus schwarzen Oliven oder Bauernente mit Sojasoße und Pak Choi.

Die Milchkannen unter der Decke deuten darauf hin: Im Baud et Millet (s. links) wird Käse serviert

43 [E5] **Echo** €€, 18 rue de la Cour des Aides, Tram C, D: Place de la Bourse, Tel. 0556816995, Mo.–Fr. 19–23.30, Sa./So. 12–15 und 19–23.30 Uhr. Das kleine Lokal direkt an der Kirche Saint-Pierre nennt sich „Cave à manger", weil auf gute Weine und gute Gerichte gleichermaßen Wert gelegt wird. Die saisonal wechselnde Speisekarte ist klein, aber verlockend.

44 [F7] **La Tupina** €€€, 6 rue Porte de la Monnaie, Tram C, D: Saint-Michel, Tel. 0556915637, www.latupina.com, Di.–So. 12–14 und 19–23 Uhr. Das Restaurant, das schon von der „International Herald Tribune" zum zweitbesten der Welt ausgerufen wurde, bietet kreativ verfeinerte Landküche des Südwestens aus den Produkten der Region, für die Chefkoch und Inhaber Franck Audu sich sehr engagiert. Für Gans, Ente, Lamm oder das schwarze Bigorre-Schwein nennt er lokale Bezugsquellen (und gibt mit „Potiron bleu" ein kleines Magazin dazu heraus). Neben seinem Restaurant – im Sommer mit Straßenterrasse, im Winter mit großem Kamin – führt er in derselben Straße noch ein Chambre d'hôtes: in der Maison Frédon (Nr. 3–5, www.maisonfredon.com) werden einige Gästezimmer vermietet.

45 [D4] **Le Bouchon Bordelais** €€, 2 rue Courbin, Tram B: Grand Théâtre, Tel. 0556443300, www.bouchon-bordelais.com, Di.–Fr. 12–13.30 und 20–21.15, Sa. 20–21.15 Uhr. Im Eckbistro stehen saisonal wechselnde Gerichte aus marktfrischen und regionalen Zutaten auf der Karte. Küchenchef Frédéric Vigouroux stammt aus der Region und stellt stets einfallsreiche Gerichte zusammen: Beliebt ist mittags das Mic Mac (täglich wechselndes Tagesgericht in zwei Varianten, scherzhaft „Mädchenteller" und „Jungsteller" genannt), außerdem sind immer ein Salat, ein Grillgericht, eine

032bd-gk

Suppe und ein Dessert im Angebot). Es schmeckt, das schöne Lokal ist nicht zu groß und die Bedienung freundlich – was will man mehr?

46 [ci] **Le Cochon volant** €€, 22 place des Capucins, Tram B: Victoire, Tel. 0557591000, Di.–Do. 12–14 und 19–2, Fr./Sa. 12–14 und 19.30–24 Uhr. Direkt an der Markthalle des Marché des Capucins findet sich eine der raren Adressen für den späten Hunger in Bordeaux: Das Restaurant hat freitags und samstags bis Mitternacht geöffnet. Rote Bänke vor weißen Kacheln mit rotem Muster schaffen ein nostalgisches Ambiente zwischen Bistro und umgestalteter Metzgerei – denn Fleisch spielt auf der Karte des „fliegenden Schweins" eine große Rolle.

47 [D4] **Le Noailles** €€, 12 allées de Tourny, Tram B: Grand Théâtre, Tel. 0556819445, www.lenoailles.fr, tägl. 9–23 Uhr (Küche 12–15 und 19–23 Uhr). Die alteingesessene traditionelle Brasserie ist eine Bordelaiser Institution, in der man Austern isst, den Krebstatar mit Limette oder ein Omelette mit Trüffeln bestellt. Das Ambiente ist ganz klassisch, mit Wandspiegeln, roten Bänken und Kellnern mit schwarzer Weste und weißer Schürze.

48 [C4] **Nama** €€€, 24 rue Lafaurie Monbadon, Tel. 0556448854, www.nama winerestaurant.com, Di.–So. 19.30–21.30 Uhr. A la carte essen kann man hier auch, aber eigentlich soll man sich einfach überraschen lassen, was der Küchenchef auf den Teller bringt. Das Prinzip heißt Omakase in Japan, und tatsächlich ist einer der beiden Köche Japaner, der andere Franzose – auch die raffinierten Gerichte spiegeln den Einfluss beider Kulturen wider.

Auf Fisch und Meeresfrüchte ist Le Petit Commerce spezialisiert

Fisch und Meeresfrüchte

49 [G5] **Café du Port** €€€, 1 quai Deschamps, Tram A: Stalingrad, Tel. 0556778118, www.lecafeduport.com, tägl. 12–14 und 19.30–22.30 Uhr. Das Fischrestaurant in einem ehemaligen Bootshangar direkt am Wasser bietet einen tollen Ausblick vom rechten Ufer über die Garonne auf die Altstadt und die Pont Saint-Pierre. Auf den Teller kommt gehobene französische Küche – unter den Vorspeisen sind Austern, hausgeräucherter Lachs mit Blini oder Ravioli mit Garnelen, unter den Hauptgerichten stehen neben frischem Fisch auch Speisen mit Rind, Kalb oder Kaninchen für all jene Gäste, die Fleisch bevorzugen.

50 [D5] **Le Petit Commerce** €€, 19–22 rue du Parlement Saint-Pierre, Tram C, D: Place de la Bourse, Tel. 0556797658, Mo.–Do. 12–14.30 und 19–22.30, Fr. 12–14.30 und 19–23, Sa. 12–15 und 19–23, So. 12–15 und 19–22.30 Uhr. In der Rue du Parlement Saint-Pierre reiht sich ein Lokal an das andere, eng gedrängt stehen Tischchen und Stühle davor, das Straßentheater in der belebten Altstadt hat man beim Essen immer im Blick. Das Petit Commerce okkupiert gleich mehrere Hausnummern und ist bei Touristen und Einheimischen als Seafoodlokal gleichermaßen beliebt. Zwischen all den Gästen springen die Kellner hin und her und bringen hier frischesten Fisch, dort Muscheln oder ein ganzes Meeresfrüchte-Sortiment. Auf der umfangreichen Tafel stehen die Tagesgerichte, abhängig vom frisch eingetroffenen Fang. Die berühmten Austern aus Arcachon gibt es natürlich auch.

51 [F4] **L'Estacade** €€€, 33 quai des Quayries, Tram A: Stalingrad, Tel. 0557540250, www.estacade-restau rant.com, tägl. 12–14.30 und 19.30–22.30 Uhr. Aussicht ist die halbe Miete – das gilt auch für Restaurants. Das schicke Estacade steht auf Pfeilern quasi mit den Füßen in der Garonne. Der Blick über das Wasser auf die Place de la Bourse ist spektakulär, egal ob von der Terrasse oder vom modernen Innenraum durch die großen Glasfronten. Die andere Hälfte, das Essen, überzeugt nicht minder: Koch Frédéric Montemont hat einen Teil seiner Ausbildung bei Sternekoch Guy Martin absolviert und ist schon seit der Eröffnung 1998 für die Küche verantwortlich. Auf der Karte stehen Austern und Muscheln, frischer Fisch von mediterraner Dorade bis Störfilet und Fleisch- und Geflügelgerichte wie Entenbrust und Rinderfilet.

Mediterran

52 [E5] **A Cantina Comptoir Corse** €€, 14 rue des Bahutiers, Tel. 0787042897, www.acantina-comptoircorse.fr, tägl. 18–2 Uhr. Im Shabby-Chic-Ambiente des unteren Stockwerks gibt es korsischen Wein und korsische Tapas mit französischer Nonchalance (Bruschetta mit Schinken, Wildschweinterrine aus dem Einmachglas, Cannelé mit Nusseis), oben bestellt man bei dem sehr netten Personal ganz klassisch Vorspeisen und Hauptgerichte oder ein Menü. Zu später Stunde wird es im Lokal recht laut. A Cantina Brasserie, die große Schwester in der feinen Rue Mably, ist genauso zu empfehlen.

53 [D2] **Casa Gaïa** €€, 16 bis rue Latour, Tram B: CAPC Musée d'Art Contemporain, Tel. 0556528721, www.casagaia.fr, Mo.–Fr. 12–14.15 und 19–22.30, Sa. 12–15 und 19–22.30, So. 12–15.30 Uhr. Mitten im Chartrons-Viertel, doch etwas versteckt in einer Seitenstraße, gibt sich dieses Lokal vom Ambiente (Terrazzo-Fliesen, blaue Keramikfliesen, Korblampen und helles Holz) bis zur Speisekarte ganz mediterran. Die Biozutaten werden bei lokalen Produzenten eingekauft, gegrillt wird über dem Holzkohlenfeuer, abends gibt es Tapas – die Casa Gaia versteht sich als moderne Taverne.

030bd-gk

54 [D5] **Monzù** €€, 14 rue Guiraude, Tram A: Sainte-Catherine, Tel. 0557834621, www, tägl. 12–22.30 Uhr. Auf einem ruhigen, kleinen Platz hat die Pizzeria (deren zweite Adresse im Marché des Grands Hommes sich ebenfalls großer Beliebtheit erfreut) eine ansprechende Terrasse installiert, das Innere prägt Retro-Chic in Pastellfarben. Neapolitanische Pizza, Pasta und Salate kommen gut an, zum Dessert gibt's Tiramonzú oder klassisch italienisches Eis.

55 [C4] **Peppone** €€, 41 cours Georges-Clemenceau, Tram B: Gambetta, Tel. 0556449105, https://groupe-peppone.fr, tägl. 12–14.15 und 19–22.30 (Fr./Sa. bis 23 Uhr). Der beliebte Italiener nimmt keine Reservierungen an und ist stets gut gefüllt. Wer also gerne mal eine Pizza oder ein Nudelgericht isst, muss sich nur ein wenig in Geduld üben. Meist warten schon andere Gäste auf einen freien Tisch, aber mit einem Aperitif vergeht die Zeit schnell. In der Rue du Palais Gallien, der Nachbarstraße hinter dem Lokal, gibt es die Pizza in einem kleinen Laden auch zum Mitnehmen. Zweites Restaurant am Quai Richelieu.

Cafés, Eisdielen, Frühstück, Tee

56 [C4] **Any'Teas,** 16 passage Sarget, Tram B: Grand Théâtre, Tel. 0556812986, https://any-teas.fr, Di.-Sa. 9.30-19 Uhr. Teesalon in der Passage mit großer Teeauswahl, gut sind auch die heiße Schokolade und der hausgemachte Kuchen. Mittags werden kleine Gerichte wie Bruschetta oder Salat serviert.

57 [D6] **Books & Coffee,** 26 rue Saint-James, Tram A: Sainte-Catherine, Tel. 0556814741, www.booksandcoffee.fr, keine Reservierung möglich, Mo. 8-19, Di.-Sa. 8-20.30, So. 10.30-19 Uhr. Das gemütliche Lokal versteht sich als literarisches Café, wie das Bücherregal an einer Wand verdeutlicht. Die Hauptrolle spielen nachmittags hausgemachte Kuchen, Kaffee und Tee. Bis 11.30 Uhr gibt es Frühstück, mittags bis 15 Uhr Tagesgerichte und Brunch. In Nr. 28 wird die Patisserie, in Nr. 29 der selbst geröstete Kaffee verkauft.

58 [D6] **Breakfast Club,** 27 rue des Ayres, Tram A: Sainte-Catherine, Tel. 0980484819, auf Facebook, Mi.-Fr. 10-18, So. 10-14 Uhr. Das englische Frühstück mit Bacon, Baked Beans, Sausages und Toast kommt nicht nur bei Anglophilen gut an. Neben Brunch am Wochenende gibt es tagsüber Sandwiches und Five o'Clock Tea mit Scones, Carrot Cake, Crumble oder Cheese Cake.

59 [C5] **Café de l'Alchimiste,** 12 rue de la Vieille Tour, http://alchimiste-cafes.com, Di.-Fr. 8.30-18, Sa. 10-18 Uhr. Die Kaffeerösterei schenkt in ihrem Miniladen unweit der Place Gambetta den eigenen Kaffee auch aus. Geröstet werden Bohnen kleiner Produzenten oder Kooperativen. Vertreten ist der „Alchimiste" auch im Darwin (s. S. 51).

Im Chez Fred (s. S. 74) an der Place du Palais lässt man es sich gut gehen

034bd-gk

60 [D6] **Café des Arts,** 138 cours Victor Hugo, Tram B: Musée d'Aquitaine, Tel. 0556917846, www.lecafedesarts.fr, tägl. 8–1 Uhr. Die Terrasse (mittags und abends warme Küche) zeigt zwar zum befahrenen Cours Victor Hugo, dafür blieb innen teils noch das Art-déco-Ambiente der 1930er-Jahre erhalten. Mit Bar, roten Bänken, schwarzen Stühlen, Spiegeln und Fliesenboden ein echter Bistroklassiker.

61 [C5] **Café Français,** 5 place Pey-Berland, Tram A, B: Hôtel de Ville, Tel. 0556529669, www.le-cafe-francais.com, tägl. 8–24 Uhr. Das große Café hat sich einen schönen Platz zwischen Rathaus und Place Jean Moulin mit Blick auf die Kathedrale ausgesucht. Das Lokal versteht sich mittags und abends als traditionelle Brasserie mit warmer Küche. Vor- und nachmittags verlockt die große Terrasse, den Stadtbummel auf ein Getränk zu unterbrechen.

62 [D5] **Café Utopia,** 5 place Camille Jullian, Tram A: Sainte-Catherine, Tel. 0556793925, www.cafe-utopia.fr,

Meine Tipps

Der erste Kaffee

Lecker frühstücken kann man im **Breakfast Club** (s. S. 70), das verrät schon der Name. Empfehlenswert sind auch **Books & Coffee** (s. S. 70), **Lola's Bar** (s. S. 74) und **Juliena** im Chartrons-Viertel (s. S. 72).

Lokale mit guter Aussicht

Den schönsten Blick über die Garonne auf die klassizistische Häuserfront von Bordeaux bieten die Lokale auf der anderen Flussseite: **L'Estacade** (s. S. 68) und das **Café du Port** (s. S. 68) zu gehobenen Preisen, das **Chez Alriq** (s. S. 50) in der Gartenwirtschaft. Vom Wasserblick profitieren auch die Restaurants beim Factory Outlet **Quai des Marques** (s. S. 85), im Grünen sitzt man dagegen in der **Orangerie** (s. S. 72) im Jardin Public. Einen fantastischen Blick über die Dächer der Stadt bietet die Bar auf der **Dachterrasse des Hotels Mama Shelter** (s. S. 75).

Lecker vegetarisch

Eine gute Auswahl an vegetarischen Speisen bieten das **La Bocca** (s. S. 64), **Casa Gaïa** (s. S. 69), **Echo** (s. S. 67), **L'Avant-Comptoir du Palais** (s. S. 64) und das **Boune** (s. S. 64), das auch auf Veganer eingestellt ist. Wer nicht ins Fischrestaurant gehen möchte, kann auf Pizza oder Pasta bei **Peppone** (s. S. 69) oder **Monzù** (s. S. 69) zurückgreifen oder beim Verzehr von Tapas die Gemüsevarianten wählen.

Dinner for one

Wer allein unterwegs ist, kann überall gut einkehren. Neben Cafés und Brasserien mit schönen Terrassen bieten sich **Michel's** (s. S. 65) und **A Cantina Comptoir Corse** (s. S. 69) an. Wer eine Kleinigkeit bevorzugt, kann in einer der Weinbars einen Tisch reservieren, besonders nett im **Julo** (s. S. 76), oder **Wine More Time** (s. S. 77). Für mittags ist das aber keine Option, weil viele erst abends öffnen.

Für den späten Hunger

Spät abends ist es nicht einfach, in Bordeaux noch etwas zu essen zu bekommen. Restaurants mit lange geöffneter Küche sind ausgesprochen rar: **Le Cochon volant** (s. S. 68) neben der Markthalle Les Capucins ist eine bekannte Adresse für den späten Hunger. Im **Café des Arts** (s. oben) gibt es bis Mitternacht Entrecôte und Hamburger, im **Petit Commerce** (s. S. 68) Fisch und Meeresfrüchte. Und die Brasserie **Le Noailles** (s. S. 68) ist auf Theaterbesucher mit Appetit eingestellt.

Mai-Sept. tägl. 10-1 Uhr, Okt.-April 10-22.30 Uhr. Zum Utopia, einem Programmkino in der ehemaligen Kirche Saint-Siméon, gehört auch ein Café. Mit Blick auf die kleine Place Camille Jullian und die Passanten lässt sich bei Kaffee oder Limonade ein angenehmer Zwischenstopp beim Shoppingbummel einlegen. Mittags und abends warme Küche.

63 [D5] **Henriette & Olga,** 25 rue du Pas Saint-Georges, Tram A: Sainte-Catherine, Tel. 0983080295, www.henrietteetolga.fr, Mi.-So. 13-19 Uhr. Eis gibt es in Frankreich oft nur aus der Kühltheke auf die Hand, Eisdielen zum Hinsetzen sind etwas rarer gesät. Bei Henriette und Olga gibt es ein paar Tische drinnen und draußen und neben Eisbechern auch Patisserie aus lokalen Zutaten von Cheesecake bis Zitronentarte. Mein Favorit ist Coupe Houlala mit Erdnüssen.

64 [D2] **Juliena,** 15 rue Notre-Dame, Tram B: CAPC Musée d'Art Contemporain, Tel. 0556480170, www.juliena.fr, Mo.-Fr. 9-18.30 Uhr. Die hübsche Frühstücksadresse im Chartrons-Viertel hat am Wochenende leider nicht auf, dafür sitzt man hier werktags umso lieber im stylish im Industrial Chic eingerichteten Salon de thé. Außer frisch gepresstem Saft und Smoothies überzeugen auch die hausgemachten Cookies und Cakes.

65 [C3] **L'Orangerie,** Jardin Public, Tel. 0556306915, Tram D: Fondaudège Muséum oder Tram C: Jardin Public, www.lorangeriejardinpublic-bordeaux.fr, tägl. 9-20 Uhr. Das Lokal nutzt die im 19. Jahrhundert angelegte Terrasse des Jardin Public, eines der schönsten Fleckchen im Park, und empfiehlt sich als friedlicher, ruhiger Ort für den Morgenkaffee ebenso wie für einen Drink und ein Sonnenbad im Liegestuhl. Mittags warme Küche.

Bordeaux am Abend

Beim Ausgehen und Feiern ähnelt Bordeaux eher spanischen Städten als Paris – das Nachtleben beginnt spät und zieht sich bis in die frühen Morgenstunden. Zwar schließen so gut wie alle Bars im Zentrum spätestens um 2 Uhr morgens, doch dann ziehen die Partygänger weiter zu den länger geöffneten Clubs außerhalb des Zentrums.

Gefeiert wird gern in dieser jungen Stadt: Sobald es warm genug ist, sind draußen viele Leute unterwegs und schon zum After-Work-Aperitif füllen sich die Caféterrassen. Am belebtesten sind abends die teils studentisch geprägten Bars und Cafés rund um die **Place de la Victoire** 29 und die Lokale in der **Altstadt** – im Partydreieck des Saint-Pierre-Viertels zwischen Place du Parlement, Place Saint-Pierre 3 und Place Camille Jullian.

Das „Saturday Night Fever" beginnt schon am Donnerstag, doch insbesondere freitags und samstags ist das Altstadtviertel Saint-Pierre der lebhafte Treffpunkt, von dem es später weitergeht. Dort im Stadtzentrum gibt es viele kleine Bars, in denen man allein, zu zweit oder in größerer Runde gut ein Glas Wein trinken kann.

Eines der beiden Ausgehviertel für das Nachtleben nach Mitternacht liegt südlich der Innenstadt, am **Quai de Paludate.** Wo sich früher allerdings Discos, Jazzclubs und Bars aneinander reihten, blieben im Zuge des **Bauprojekts Euratlantique** zwischen Bahnhof und Garonne nur noch wenige der alten Anrainer. Zwischen all den neuen Bürobauten und gegenüber dem monumentalen Kulturzentrum **La MÉCA** (s. S. 60) und dem neuen Foodcourt wirken sie

035bd-gk

wie versprengte Überbleibsel, die vielleicht nicht mehr lange bleiben.

Die andere Partyzone findet man ganz im Norden jenseits der Hubbrücke Chaban-Delmas. An den **Quais de Bacalan** erwarten Nachtschwärmer zahlreiche Bars und Discos, Musik- und Nachtclubs. Zwischen weiteren Booten liegt hier das IBoat vor Anker, ein umgebauter Frachtkahn, der DJ-Sets und Konzerte bietet.

Auch die **Musikszene** ist aktiv und vielfältig. Weit genug entfernt von Paris, hat sich hier eine kulturelle Vielfalt entwickelt, auf die man stolz ist – von Pop und Rock über Jazz und Klassik bis zur Brass Band gibt es alles.

Die Bar Castan (s. S. 22) mit ihrer vor allem an warmen Abenden beliebten Außenterrasse

Bars und Pubs

66 [D6] **Apollo,** 19 place Fernand Lafargue, Tram A: Sainte-Catherine, Tel. 0556012505, www.apollobar.fr, Mo.–Sa. 11.30–2 Uhr. Tagsüber eher ruhig, belebt sich das Apollo ab dem frühen Abend. Nicht nur, weil sich die Bar an einem hübschen Platz in der Altstadt befindet oder man hier Billard spielen kann, sondern auch, weil sie ganz auf Funk und Soul setzt. Benannt wurde sie nach dem Apollo-Theater in Harlem und ab und zu finden hier Livekonzerte statt.

67 [D1] **Apotek,** 96 rue Notre-Dame, Tram B: Chartrons, Tel. 0557220954, http://apothek.fr, Di.–Sa. 18–2 Uhr. Früher brauten Apotheker die Kräuterelixiere und Bitters, die heute wieder unentbehrliche Zutaten für Bartender sind – daher die Idee für den Namen der Bar im Chartrons-Viertel. Bei der Innenausstattung dienten die New Yorker Bars der 1930er-Jahre als Inspiration.

Smoker's Guide

Das Rauchen ist in Frankreich nur auf Terrassen von **Cafés** und **Lokalen** erlaubt, die nicht überdacht sind oder eine offene Front ins Freie aufweisen. Die Einrichtung einer Raucherzone ist erlaubt, dort ist aber eine Bedienung durch das Servicepersonal vom Gesetzgeber verboten. Weitere Infos über das Rauchverbot findet man unter www.tabac.gouv.fr.

Auch in **Hotels** gilt ein generelles Rauchverbot, im Prinzip aber nur für Angestellte und nicht für Hotelgäste. Der Gesetzgeber sieht nämlich Hotelzimmer als Orte an, die umstandshalber als Ersatz für den eigenen Wohnraum gelten. Allerdings beschränken immer mehr Hoteliers ihr Angebot bewusst auf Nichtraucherzimmer.

68 [E5] **Ayawasca Cocktail Club,** 19 rue des Bahutiers, Tram C, D: Place de la Bourse, Tel. 0556485699, www.accbordeaux.com, Di.–So. 18–2 Uhr. Das Ecklokal, in dem vorher eine gediegene Weinbar residierte, wurde von einer coolen Cocktailbar übernommen. Die Mixgetränke sind „Low ABV“ (Low alcohol by volume). Dafür wird nicht einfach die Gin-, Wodka oder Rum-Menge reduziert, es handelt sich um Drinks auf der Basis von Wermuth, Porto, Sherry, Portwein und anderen Spirituosen mit geringerem Alkoholgehalt.

69 [E5] **Chez Fred,** 19 place du Palais, Tram A: Place du Palais, Tel. 0664274040, Mo.–Fr. 7.30–2, Sa./So. 9–2 Uhr. Was wie ein ganz normales Straßencafé aussieht, benannt nach Inhaber Fred Machado, entpuppt sich als familiärer, sympathischer Ort. Im kleinen Innenraum sorgen Poster und der Tresen für ein bisschen 1950er-Jahre-Ambiente, draußen auf der Terrasse verbringt man beim Morgencafé genauso eine gute Zeit wie am späten Nachmittag oder zum Apéro am frühen Abend – immer mit Blick auf die Porte Cailhau **4** und abends mit stimmungsvoller Beleuchtung. Zu essen gibt es hier nur eine Planche d'Apéro mit Wurst, Lou Gascoun (Bordelaiser Leberpastete) und Baguette, auf dem Holzbrett serviert.

70 [E6] **Frida,** 29 rue Buhan, Tram A: Place du Palais, www.frida.fr, Mo.–Mi. 12–24, Do.–Sa. 12–2, So. 10.30–24 Uhr. Die Bar (mit Restaurant, Tel. 0557992844) kann mit einem charmant begrünten Innenhof punkten. Außer Cocktail-Klassikern von Negroni bis Mai Tai gibt es auch Eigenkreationen. Und weil der Inhaber Sommelier ist, lohnt sich nicht nur ein Blick auf die Cocktail-, sondern auch der auf die Weinkarte.

71 [D5] **Houses of Parliament,** 11 rue du Parlement Saint-Catherine, Tram B: Grand Théâtre, www.hop-pub.com, Mo.–Fr. 16–2, Sa. 13.30–2, So. 15–2 Uhr. Im Sommer drängelt man sich draußen vor der Tür, im Winter drinnen, meist eher beim Bier als beim Wein. Die Sportsbar in englischem Stil mit Billardtisch pflegt eine ausgedehnte Happy Hour und stellt den Bildschirm für Rugby, Football, Cricket und mehr an.

72 [D5] **La Comtesse,** 25 rue du Parlement Saint-Pierre, Tram C, D: Place de la Bourse, www.facebook.com/laccomtesse, tägl. 13.30–2 Uhr. Die Bar setzt auf alte Kitschfotos, kleine Sessel und Hocker vom Flohmarkt sowie gute Cocktails. Ein Hingucker ist die wechselnde Deko über dem Eingang. Draußen blickt man auf den Trubel in der belebten Rue du Parlement Saint-Pierre, drinnen herrscht gemütliches Halbdunkel am Kamin.

› **Lola's Bar,** Hotel Lola, 13 rue des Faures, Tram C, D: Saint-Michel, Tel.

0556922563, www.lolabordeaux.fr, So.-Do. 8-23.30, Fr./Sa. 8-2 Uhr. Die Bar serviert bis 12 Uhr Frühstück, draußen sitzt man auf der Place Duburg direkt an der Kirche Saint-Michel. Erst abends verwandelt sich Lola's in eine elgante Cocktailbar. Angenehme Atmosphäre auch drinnen am langen Tresen, freundliche Bedienung und gute Getränke, das kommt bestens an in Bordeaux.

› **Mama Shelter,** Hotel Mama Shelter (s. S. 126), Tram B: Gambetta, Tel. 0557304535, www.mamashelter.com, Rooftop-Bar (wetterabhängig) Do.-Di. 15-22 Uhr (Drinks und Tapas), Restaurant und Bar Mo.-Sa. 7-15 (Breakfast und Lunch), So. bis 11 (Breakfast), So.-Mi. 19-23 (Dinner), Do.-Sa. bis 24 Uhr. Die Rooftop-Bar des Mama Shelter bietet die wohl angesagteste Aussicht in Bordeaux: Von der Dachterrasse blickt man auf die Dächer der Stadt. Dafür muss man hier samstags schon auch mal Schlange stehen. Wie das Hotel setzen auch die Rooftop-Bar und das Restaurant mit Bar im Erdgeschoss auf laute Musik, gute Cocktails, lässige Atmosphäre und augenzwinkernden Witz bei der Deko: Kaleidoskop-bunte Schwimmreifen aus Plastik hängen über der Bar, Graffiti zieren die Decke, Musikinstrumente eine der Wände.

73 [D2] **Symbiose,** 4 quai des Chartrons, Tram B: CAPC Musée d'Art Contemporain, Tel. 0556236715, https://symbiose-bordeaux.com, Di.-Sa. 19-1 Uhr. Die Speakeasy-Bar versteckt sich hinter einem Bistro am Quai des Chartrons, in dem auch das Essen mittags und abends zu empfehlen ist. In der „Flüsterkneipe" wird hinter dem Eichentresen von Hipster-Barkeepern der Shaker kräftig geschüttelt. Zum Cocktail kann man auch Tapas bestellen.

Mein Tipp

Stilechte Britische und Irish Pubs

Britische und Irish Pubs gibt's wohl in jeder Großstadt, doch im Südwesten Frankreichs lässt man sich schon gar nicht lumpen, schließlich gilt Bordeaux als englischste aller französischen Städte. Nicht nur die über Jahrhunderte währenden Kontakte zu Großbritannien und der anglophile „Weinadel" machten die Verbindung beider Nationen enger als anderswo, auch zog und zieht es Engländer hierher.

Rund ein Dutzend Pubs verteilt sich über die Stadt und wer mag, kann in einigen von ihnen Livemusik hören oder auch Sportübertragungen anschauen. In manchen Pubs gibt es am Wochenende English Breakfast, in vielen stehen Fish and Chips und Burger auf der Karte und in allen Draft Beer.

74 [E1] **Molly Malone's,** 83 quai des Chartrons, Tel. 0557870672, https://mollys.fr, tägl. 10.30-2 Uhr, Tram B: Cours du Médoc oder Chartrons

75 [B4] **Oxford Arms,** 9 place des Martyrs de la Résistance, Tel. 0556514148, Mo.-Sa. 10.30-2, So. 10.30-1 Uhr, Tram B: Gambetta

76 [E5] **Sweeney Todd's,** 2 cours d'Alsace et Lorraine, Tel. 0556482113, Mo.-Fr. 17-2, Sa. 12-2, So. 12-24 Uhr, Tram A, C, D: Porte de Bourgogne

77 [D6] **The Blarney Stone,** 144 cours Victor Hugo, Tel. 0556318720, Mo.-Do. 15-1.30, Fr.-So. 12-1.30 Uhr, Tram B: Musée d'Aquitaine

78 [D1] **The Cambridge Pub,** 27 rue Rode, Tel. 0556511922, Di.-Sa. 10.30-2, So./Mo. 10.30-1 Uhr, Tram C: Paul Doumer

Weinbars

Manche der Weinbistros oder Weinbars schenken nur Wein aus und servieren höchstens einen Käseteller dazu. Andere wiederum haben nur eine Lizenz für den Ausschank zum Essen – lediglich auf ein Glas Wein kann man dort nicht einkehren. Manch ein Wirt ist auch *Caviste* – die Weine, die man im Ausschank probiert, kann man dort käuflich erwerben. Ob überschaubare Auswahl offener Weine oder umfangreiche Auswahl: Fast alle Lokale öffnen nur abends.

79 [E5] **Aux Quatre Coins du Vin,** 8 rue de la Devise, Tram C, D: Place de la Bourse, Tel. 0557343729, http://aux4coinsduvin.com, Mo./Di. 18–1 Uhr, Mi.–Sa. 18–2 Uhr. In diesem schönen Raum mit Bruchsteinmauerwerk im Altstadtviertel Saint-Pierre kann man etwa vierzig Weine, darunter auch Grand Crus, in Kleinstmengen als Probierschluck, als halbes oder ganzes Glas (3 cl, 6 cl, 12 cl) probieren. Gäste bestellen bei der Bedienung oder zapfen mittels aufladbarer Magnetkarte selbst. Außerdem gibt es rund 500 Flaschenweine, die auch verkauft werden, nicht nur aus dem Bordelais. Wer mag, bestellt dazu einen Teller mit Käse, vegetarischen Antipasti, Aufschnitt oder Foie gras.

› **Bar à Vin,** im Maison du Vin (s. S. 35), Tel. 0556004347, https://baravin.bordeaux.com, Mo.–Sa. 11–22 Uhr. Im Maison du Vin gibt es neben der Weinschule auch eine schöne Weinbar mit hohen Räumen, Säulen, Stuck, edlem Parkett und kunstvollen Glasfenstern. Die häufig wechselnde Weinauswahl von regionalen Winzern gibt zu fairen Preisen einen Vorgeschmack auf die Châteaux des Bordelais, für den kleinen Hunger bestellt man dazu Käse- oder Aufschnittteller.

80 [F6] **Julo,** 11 rue des Faures, Tram C, D: Saint-Michel, Tel. 0659024490, https://julobordeaux.wixsite.com/julo, Di.–Do. 16–24, Fr./Sa. 10–14.30, 16–24 Uhr. Die kleine Weinhandlung stellt ein paar Tische nach draußen auf den Platz direkt unterhalb der Kirche Saint-Michel. Zusätzlich zur guten Beratung bei der Weinwahl gibt es Käse- und Aufschnittplatten, Fischkonserven und eingelegtes gegrilltes Gemüse zum Verzehr vor Ort.

098bd-gk

81 [E5] **Tchin Tchin Wine Bar**, 3 rue Emile Duployé, Tram C, D: Place de la Bourse, Tel. 0556384980, auf Instagram, Di.-Fr. 16-22.30, Sa.-Mo. 15-22.30 Uhr. In Frankreich stößt man mit „Tchin Tchin" an statt mit „Prost". Die recht versteckt zwischen Place de la Bourse und Kirche Saint-Pierre gelegene Weinbar hat sich auf biodynamische und Naturweine spezialisiert – ein großer Trend in Frankreich.

82 [D6] **Wine More Time,** 8 rue Saint-James, Tram A: Sainte-Catherine oder Tram B: Musée d'Aquitaine, Tel. 0556528561, www.winemoretime.fr, Mo.-Do. 16-23, Fr. 15-23.30, Sa. 11-23.30, So. 16.30-21.30 Uhr. Weil die Weinbar, die fast wie eine spanische Bodega wirkt, in der Fußgängerzone bei der Porte de la Grosse Cloche 5 auch „Cave" ist, also eine Weinhandlung, hat sie schon nachmittags geöffnet. Mehr als ein Dutzend wöchentlich wechselnde Weine gibt es glasweise im Ausschank, im Geschäft stehen rund 400 Weine und rund 50 Biersorten zur Auswahl. Inhaber Jean Astruc steht mit vielen kleinen Weingütern in Kontakt und ist immer auf der Suche nach Entdeckungen – etwa Weine aus alten Rebsorten.

Theater und Konzerte

83 [ei] **Grand Arena Bordeaux,** 48-50 av. Jean Alfonséa, 33270 Floirac, www.arkeaarena.com, Bus 28, 32, 45 und 62, Haltestelle Arena oder Tram A, C und D: Porte de Bourgogne und Navette (Busshuttle). Die vom Architekten Rudy Ricciotti (von ihm stammt auch das MUCEM in Marseille) entworfene Konzerthalle bietet 11.300 Personen Platz.

84 [D4] **Opéra National de Bordeaux,** Place de la Comédie, Tram B: Grand Théâtre, Tel. 0556008595, www.opera-bordeaux.com. Das 1780 erbaute Grand Théâtre 15 mit prächtigem Zuschauerraum ist ein Mehrspartenhaus: Hier finden Opern, klassische Konzerte, Schauspielaufführungen und Ballettvorstellungen statt. Als Erweiterung und Spielstätte des Orchestre National de Bordeaux fungiert das 2013 eröffnete Auditorium (1400 Plätze, kleiner Saal 300 Plätze) am Cours Clemenceau.

Eine Mischung aus Food Court und Markt: die Halles de Bacalan

Die hell erleuchtete Nationaloper

095bd-gk

85 [C4] **Théatre Trianon,** 6, rue Franklin, Tram B: Grand Théâtre oder Gambetta, www.bordeauxtheatres.com. Neben Komödien kann man hier in unregelmäßigen Abständen modernen Flamenco der Choreografin und Tänzerin Karyne Arys erleben, die in Bordeaux auch Flamenco-Unterricht erteilt. Reservierungen unter www.obillet.fr oder Tel. 0556201320.

86 [G7] **TnBA – Théâtre National de Bordeaux en Aquitaine,** 3 place Pierre Renaudel, Tel. 0556333680, Tram C, D: Sainte-Croix, www.tnba.org. Das Schauspielhaus in einem Zuckerlagerhaus des 19. Jahrhunderts bringt klassische und moderne Stücke auf die Bühne, es gibt aber auch Tanz, Lesungen, Theaterworkshops und Begegnungen mit Künstlern.

Musikclubs und Discos

87 [df] **IBoat,** Bassin à flot No. 1, Quai Armand Lalande, Tram B: La Cité du Vin, Tel. 0556104837, www.iboat.eu, Konzerte 19–23, Club Do.–Sa. 23.30–6 Uhr. Nicht nur für Bordelaiser *die* Location: Die ausrangierte Fähre im ehemaligen Hafenbecken ist als Musikclub für Electro, Hip-Hop, Rock und Pop weit über Bordeaux hinaus ein Begriff. Im kleinen Saal (300 Personen) im Bauch des Boots gibt es Konzerte und anschließend Disco bis in aller Frühe, an der Bar mit Terrasse und Blick aufs Wasser ab 19.30 Uhr DJ-Sets oder akustische Livemusik, Tapas und Cocktails als „Aperoboat".

88 [di] **La Plage,** 40 quai de Paludate, Tram C, D: Gare Saint-Jean, Tel. 0556848923, auf Facebook, tägl. 24–6 Uhr. Eine der größten Diskotheken Frankreichs mit mehreren Sälen, in denen die unterschiedlichsten Musikrichtungen vertreten sind, und überdachter Terrasse mit 1500 Plätzen als Zentrum. Da ringsum die modernen Bürobauten des neuen Stadtviertels Euratlantique immer näher rücken, will sich auch diese Disco neu erfinden, als Neubau mit Rooftop. Wann genau, steht aber noch in den Sternen ...

89 [di] **Pachanga,** 39 quai de Paludate, Tram C, D: Gare Saint-Jean, Tel. 0611727561, Do.–So. 0–6 Uhr. Unter den Clubs am Quai de Paludate ist das Pachanga ein Ort, an dem vorwiegend zu afro-kubanischen Rhythmen, Salsa, Samba und Zouk getanzt wird. Es gibt aber auch Rap und R'n'B.

90 [ef] **Rocher de Palmer,** 1 rue Aristide Briand, Tram A: Buttinière oder Palmer, Tel. 0556748000, www.lerocherdepalmer.fr. Seit 2010 treten hier im Parc Palmer im Stadtteil Cenon in drei Sälen (für 200 bis 1200 Personen) internationale Stars vom Gitarristen über das Tango-Quartett bis zum Rapper auf. Die Organisatoren der Konzertbühne sorgen für ein vielfältiges Programm mit Jazz, Klassik, Rock, Folk, Blues, Weltmusik, Chanson, Hip-Hop und Electro.

91 [ci] **Rock School Barbey,** 18 cours Barbey, Tram C, D: Tauzia oder Gare Saint-Jean, Tel. 0556336600, www.rockschool-barbey.com. Die Musikschule mit Kursangebot für Gitarre, Schlagzeug, Bass, Klavier, Saxofon und Percussion, für Sänger und DJs, bietet ein abwechslungsreiches Programm an fast täglichen Konzerten.

92 [df] **Thelonious,** 18 rue Bourbon, Tram B: Cité du Vin, Tel. 0685993242, https://thelonious-jazz-club-bordeaux.com, Mi.–Sa. 19–1 Uhr. Der Jazzclub im Chartrons-Viertel, zugleich auch Tapas- und Weinbar, nimmt auch Flamenco, Funk und Blues ins Programm. Freitags kann man bei „Afterworks Vigneron" Winzer treffen.

Die glasüberdachte Passage Sarget (s. S. 20) stammt aus dem 19. Jh.

Bordeaux zum Stöbern und Shoppen

Die Stadt ist ein Einkaufsparadies – die Übersichtlichkeit und das enge Beieinander von Geschäften, Cafés und Restaurants tragen wesentlich zum entspannten Shoppen bei. Dicht an dicht finden sich in den Seitenstraßen der Rue Sainte-Catherine Mode, Kulinaria und Deko – eine überzeugende Einladung zum mehr oder weniger ziellosen Schaufensterbummel. Verstreuter, aber auch origineller, sind die Geschäfte im Chartrons-Viertel und rund um die Porte de la Grosse Cloche.

Elegante Shoppingadressen reihen sich im **Triangle d'Or** aneinander. In dem Dreieck, das die drei Straßen Cours de l'Intendance, Cours Clemenceau und Allées de Tourny einschließen, haben sich Luxuslabel, bekannte Modemarken, Schmuckläden, Lifestyle- und Dekorationsgeschäfte der Oberklasse, Chocolatiers, Feinkost- und Weinhändler niedergelassen. Mitten im noblen Viertel steht auf der **Place des Grands Hommes** die gleichnamige **Markthalle** 14, eine verspiegelte Glas-Metall-Konstruktion aus den 1980er-Jahren, die allerdings keinen Markt, sondern Geschäfte und einen großen Supermarkt beherbergt (www.lesgrandshommes.com). Auf den Platz der „großen Männer" laufen nach solchen Grands Hommes benannte Straßen sternförmig zu, die Rue Buffon, Diderot, Montaigne, Montesquieu, Rousseau, Voltaire. Auch die Boutiquen am **Cours de l'Intendance** sind meist Einkaufsadressen für gehobene Ansprüche.

Die zentrale Nord-Süd-Achse durch die Stadt, die **Rue Sainte-Catherine**, verbindet die Place de la Comédie mit der Place de la Victoire 29 und gilt als längste Einkaufsmeile Frankreichs. Rund 250 Boutiquen und Geschäfte, vor allem Markenläden für Sneaker und junge Mode, internationale Filialisten von Desigual bis Zara und das Kaufhaus Galeries Lafayette säumen die stets belebte Fußgängerzone. Bis auf wenige Ausnahmen unterscheidet sich das Angebot hier kaum von dem der Einkaufszonen anderer Großstädte. Aber schon um die Ecke, in den Seitenstraßen der **Viertel Saint-Pierre und Saint-Eloi** rund um die Place Camille Jullian, die Place du Parlement und die Place Saint-Pierre 3 findet man ausgefallene Designerboutiquen, Secondhandläden und originelle Concept-Stores.

045bd-gk

Shoppingareale

Die wichtigsten Shoppingbereiche der Stadt sind im Kartenmaterial mit einer rötlichen Fläche markiert.

Schnäppchen und **reduzierte Markenware** aus vergangenen Kollektionen von Geschirr über Unterwäsche bis zu Sportswear findet man in den ehemaligen Lagerhallen am **Quai des Chartrons.** Der **Quai des Marques** (s. S. 85) fungiert quasi als großes Outlet mit etwa rund 30 Geschäften, die Schnäppchenjäger mit Rabatten locken, eigenem Parkhaus und einem Dutzend Restaurants mit fantastischem Blick auf die Garonne.

In der Rue Notre-Dame im **Chartrons-Viertel** reihen sich Trödler und Antiquitätengeschäfte, Kunstgalerien und Boutiquen aneinander. Allein im Village Notre-Dame haben sich rund 35 Antiquitätengeschäfte zusammengetan. Auch im **Quartier Saint-Michel**, bekannt für den Sonntagsflohmarkt, findet man Trödelläden und Secondhandshops.

Bordeaux ist nicht nur eine Fundgrube für Liebhaber von Trödel und Vintage-Objekten. Französische Modemarken von Bensimon bis Anne Fontaine verlocken Fashionistas dazu, ihre Garderobe aufzustocken, ebenso wie schöne Schuhgeschäfte à la Heschung oder Repetto. Für Hobbyköche lohnt sich die Anschaffung französischer Küchenartikel in handwerklicher Qualität, ob gusseiserne Bräter von Le Creuset und Staub oder Messer von Laguiole bzw. Kupferkasserollen. Für den schön gedeckten Tisch sorgen Tischwäsche, Porzellan und Glas aus französischen Manufakturen, für die Körperpflege Naturkosmetik, Seifen und Düfte.

Als **Mitbringsel** eignen sich auch einige der kulinarischen Spezialitäten, Schinken und Schokolade aus Bayonne, Käse oder Backwaren und Süßigkeiten wie die Macarons aus Saint-Emilion und Cannelés aus Bordeaux, die aber nicht lange gelagert werden können, sondern möglichst frisch am besten schmecken. Wein aus dieser so berühmten Weinbauregion einzukaufen, liegt nahe, ist aber in größeren Mengen nur bei der Anreise mit dem eigenen Wagen zu transportieren und benötigt nach der langen Autofahrt erstmal Ruhe.

Für Foodies

93 [D5] **Baillardran,** 10 rue Porte Dijeaux, Tram B: Grand Théâtre, www.baillardran.com, Mo.-Sa. 8.30-20, So. 9-19.30 Uhr. Die lokale Bäckereikette, eine Institution in Bordeaux, hat sich auf Cannelés spezialisiert. Es gibt die mit Rum und Vanille aromatisierten Karamellküchlein in drei Größen und auch in einer alkoholfreien Variante. In hübschen Geschenkverpackungen eignet sich das Minigebäck auch hervorragend als Mitbringsel. Mehrere Filialen im Stadtzentrum, etwa im Marché des Grands-Hommes und in der Rue des Trois Conils sowie für den Einkauf in letzter Minute auch im Bahnhof und im Flughafen.

94 [C4] **Cadiot-Badie,** 26 allées de Tourny, Tram B, C und D: Quinconces, www.cadiot-badie.com, Mo. und Sa. 10-19, Di.-Fr. 9.30-19 Uhr. Eine Institution in Bordeaux: Zu den Spezialitäten des schon 1826 gegründeten Chocolatiers zählen Madascar (Schokolade mit 76 % Kakaoanteil und Mandel-Lebkuchen-Gewürz), Guinettes Bordelaises (Kirschen mit Schokoladenhülle), Limettenpralinen und schwarze Diamanten (Trüffel).

95 [D4] **Comptoir Bordelais,** 1bis rue des Piliers de Tutelle, Tram B: Grand Théâtre, Mo.-Sa. 10-19 Uhr. Ein typischer Aperitif der Region gefällig? Außer Lillet (s. S. 63) führt das Comptoir Bordelais auch Garluche auf der Basis von Rum, Gratte-Cul aus Hagebutten und Coucougnettes mit Feigen. Das Feinkostgeschäft befindet sich nur ein paar Schritte vom Grand Théâtre entfernt. Ebenfalls im Angebot: Spezialitäten des Südwestens von weißen Bohnen über Piperade bis zu Rillettes de Canard sowie Schokolade, Gewürze, Öl, Essig, Konfitüren, Wein und Spirituosen, vieles davon aus der Region.

96 [C5] **Darricau,** 7 place Gambetta, Tram B: Gambetta, www.darricau.com, Mo.-Sa. 10-19.30 Uhr. Seit 1915 gibt es den Chocolatier in Bordeaux - eine echte Institution. Konservativ ist man aber nicht, sondern geht im Sortiment mit der Zeit: Michel Garrigue, der das Unternehmen in der dritten Generation führt, experimentiert auch gern mit Gewürzen und Kräutern.

97 [D6] **Dock des Epices,** 20 rue Saint-James, Tram A: Sainte-Catherine, www.dockdesepices.com, Di.-Sa. 10.30-18.30 Uhr. Gewürzhandlung mit großer Auswahl - mehr Pfeffersorten soll es sonst in keinem Laden Frankreichs geben. Neben Salz, Essig und Öl, Tee und Gewürzpasten sind getrocknete Kräuter, Rosenknospen und Lavendel sowie Mörser und Mühlen im Angebot.

98 [D6] **Sweet Pepper,** 10 rue des Ayres, Tram A: Sainte-Catherine, https://sweetpepper.fr, Di. 14-18, Mi.-Sa. 10.30-18.30 Uhr. Ist Scoville ein Begriff? Mit dieser Einheit misst man die Schärfegrade von Chilis. In der hübschen Mini-Gewürzboutique gibt es pikante Soßen von mild bis höllisch, außerdem BBQ- und Asia-Soßen, Sirups, essbare Insekten, Piment d'Espelette und andere Gewürze aus aller Welt.

Meine Tipps

Bäcker

Als ganz hervorragende Bäckereien gelten **Fabrique, Pains et Bricoles** im Viertel Saint-Pierre, **Louis Lamour** im Viertel Saint-Paul und **La Boulangerie** direkt an der Kirche Saint-Michel. Vor ihnen bilden sich oft lange Schlangen geduldig anstehender Kunden.

102 [D5] **Fabrique, Pains et Bricoles,** rue du Pas Saint-Georges, Mo.-Sa. 8-20.30 Uhr

103 [E6] **La Boulangerie,** rue des Faures, tägl. 7-19.30 Uhr

104 [D6] **Louis Lamour,** 7 rue Ravez, Mo.-Sa. 7.30-19.30 Uhr

Wein

99 [D5] **Cousin et Compagnie**, 2 rue du Pas Saint-Georges, Tram C, D: Place de la Bourse, https://e-shop.cousin.fr, Mo.-Sa. 10-20, So. 10-14 und 16-20 Uhr. Im kleinen Weinladen an der Ecke zur Place du Parlement wird man bei der Auswahl von Weiß- oder Rotwein, Rosé und Sekt freundlich beraten. Im Sortiment sind vor allem Bio-, Biodynamie- und Naturweine vertreten. Via Tel. 0556012023 kann man sich zu Verkostungen anmelden.

100 [D4] **L'Intendant,** 2 allées de Tourny, Tram B, C und D: Quinconces, www.intendant.com, Mo.-Sa. 10-19.30 Uhr. Eine Wendeltreppe führt über fünf Stockwerke nach oben, die Wände rundherum sind voll gepackt mit Wein - unten beginnend mit den günstigeren Flaschen bis zu den edelsten Tropfen ganz oben. Ein Sortiment, das auch Kennern Respekt abverlangt: Rund 15.000 Flaschen ziehen sich insgesamt um die Wendeltreppe 12 Meter in die Höhe.

101 [D4] **Max Wine Gallery,** 14 cours de l'Intendance, Tram B: Grand Théâtre, www.maxbordeaux.com, Di.-Sa.

039bd-gk

11–19.30 Uhr. In Bordeaux gibt es so viele kleine und große Weinhandlungen, da muss man sich schon etwas Besonderes einfallen lassen, setzt man nicht nur auf die Stammkundschaft und freundliche und gute Beratung. Wer Crus Classés probieren möchte, bevor er sie käuflich erwirbt – hier steht in Spezialschränken, was das Herz des Bordeaux-Fans begehrt. Man muss nur eine E-Karte erwerben, Kredit aufladen und kann sich dann auf entspannte Weise selbst bedienen. Dazu gibt es zahlreiche Verkostungen *(Dégustation)* und auch gesellige Abende rund um den Wein.

Märkte

105 [E1] **Marché Biologiques des Quais,** Quai des Chartrons, Tram B: Chartrons, Do. 7–13 Uhr. Kleiner Biomarkt am Quai des Chartrons.

106 [F6] **Marché Brocante Saint-Michel,** Place Canteloup et Meynard, Tram C, D: Saint-Michel, So. 7–15 Uhr. Der sonntägliche Flohmarkt an der Kirche Saint-Michel findet jede Woche statt, besonders groß jeweils am zweiten Sonntag im März, Juni, Sept. und Dez.

107 [C4] **Marché des Bouquinistes,** Place des Grands Hommes, Tram B: Gambetta, Mi. 9.30–19 Uhr. Rund um den gläsernen Marché des Grands Hommes (14), ein Einkaufszentrum, bieten Antiquare mittwochs Bücher, Postkarten und Kunstdrucke an.

(28) [E7] **Marché des Capucins.** Wer sich auch nur im Geringsten für schöne Wochenmärkte interessiert, darf „Les Capus“, wie die Bordelaiser sagen, auf keinen Fall verpassen. Samstags und sonntags brummt es in der überdachten Markthalle, an den rund 80 Ständen herrscht Andrang. Ein Fleisch-, Fisch-, Obst-, Käse- und Gemüsehändler reiht sich an den anderen. Rund um die Markthalle bieten Erzeuger aus dem Umland mit festen Ständen Regionales an. Neben den „üblichen Verdächtigen“ von Apfel bis Zucchini gibt es im Marché des Capucins auch die besten Produkte Südwestfrankreichs – Austern vom Cap Ferret, Lamm aus Pauillac, Spargel aus Blaye, Nüsse aus dem Périgord, Schinken aus Bayonne.

108 [E1] **Marché des Quais,** Quai des Chartrons, Tram B: Chartrons, So. 7–13 Uhr Lebensmittel, 7–15 Uhr Kunsthandwerk, Blumen, Gastronomie. Auf

Die Weinhandlung Cousin & Compagnie (s. S. 81) in der Altstadt

Der Marché des Capucins (28) macht Appetit

diesem beliebten Markt am Quai des Chartrons treffen sich sonntags Einheimische wie Touristen, um köstliches Streetfood und die einmalige Atmosphäre unter freiem Himmel zu genießen.

109 [E6] **Marché Royal Saint-Michel,** Place Canteloup et Meynard, Tram C, D: Saint-Michel, Sa. 7–13 Uhr. Samstags herrscht reges Treiben rund um die Kirche Saint-Michel. Der Markt umfasst teils Wochenmarktstände mit Obst, Gemüse, Käse, Back- und Fleischwaren, teils Bekleidung, Schuhe, Sonnenbrillen und Lederartikel.

110 [B4] **Marché Saint-Seurin,** Place des Martyrs de la Résistance, Bus 2: Eglise de Caudéran, Wochenmarkt Fr. 7–13 Uhr, Biomarkt Sa. 7–13 Uhr. Kleiner Wochen- bzw. Biomarkt bei der Kirche Saint-Seurin.

Mode, Schuhe, Parfum und Schmuck

111 [C4] **Aigle,** 17 cours de l'Intendance, Tram B: Grand Théâtre, www.aigle.com, Mo.–Sa. 10–19 Uhr. Wer schon immer mal stadtfeine, nur knöchelhohe Gum-

MEIN TIPP

Streetfood auf den Märkten

Auf dem **Marché des Quais** (s. S. 82) am Quai des Chartrons trifft sich am Sonntagmorgen halb Bordeaux. Zum Marktbummel gehört ein Imbiss unter freiem Himmel: Zum typischen Bordelaiser Frühschoppen isst man Austern vom Plastikteller wie anderswo Currywurst.

Auch im **Marché des Capucins** 28 laden mehr als eine Handvoll Stände zu appetitlichen Tapas und einem Glas Wein oder zu einer Meeresfrüchteplatte bei Chez Jean-Mi (s. S. 64) ein – wenn es denn gelingt, eines der begehrten Tischchen oder einen Platz am Tresen zu ergattern.

In den **Halles de Bacalan** (s. S. 42) direkt gegenüber der Cité du Vin 23 gibt es eine große Vielfalt an täglich wechselnden Gerichten und Getränken – die Markthalle ist mehr Foodcourt als Einkaufsadresse. Mit einem Glas Wein am Weinstand, einem Burger beim Metzger und einer Suppe beim Gemüsehändler zum Beispiel stellt man sich selbst sein Menü zusammen.

046bd-gk

mistiefel besitzen wollte, wird beim Kautschuk-Spezialisten fündig. Die Kultmarke geht mit der Zeit und bietet angesagte Outfits für schlechtes Wetter. Auch die sehr gut verarbeiteten Regenjacken profitieren vom handwerklichen Know-how der bereits 1853 gegründeten Marke.

112 [C4] **Anne Fontaine,** 9 place des Grands Hommes, Tram B: Gambetta, www.annefontaine.com, Mo.–Sa. 10–19 Uhr. Die Modedesignerin ist spezialisiert auf weiße Blusen, schlicht oder mit Spitze, tailliert oder gerade, bauchnabelkurz oder männerhemdlang, mit Rüschen oder Biesen, langen oder kurzen Ärmeln. Neben einigen schwarzen Modellen entwirft Anne Fontaine auch Accessoires, Kleider und Taschen.

113 [D6] **Apache,** 47 rue Saint-James, Tram A: Sainte-Catherine, www.apachecreation.com, Mo.–Sa. 11–19 Uhr. Charlotte Guillard lässt sich für ihre filigranen Armbänder und Ketten gern von indianischer Kunst inspirieren, deshalb wählte sie den Namen Apache für ihr Label. In ihrer Ladenwerkstatt bietet die Schmuckdesignerin auch farbenfrohe, mit feinem Baumwollgarn umwickelte Armbänder und Ringe an.

114 [D5] **Durance,** Promenade Sainte-Catherine, Tram B: Grand Théâtre, www.durance.fr, Mo.–Sa. 10–20, So. 11–19 Uhr. Das Unternehmen aus der Provence fertigt Duftkerzen und Raumdüfte mit wahlweise blumigen, zitronigen, würzigen oder süßlichen Noten. Meeresfreunde nehmen mit „Brume marine" eine frische Brise für's Zuhause mit, Waldfans „Pin en Provence" oder „Ecorces d'Erable", Weinliebhaber „Cépage millesime" und Mutige „Muesli Gourmand".

115 [C5] **Eric Bompard,** 25 rue des Remparts, www.eric-bompard.com, Tram B: Gambetta, Mo.–Sa. 10–19 Uhr. Strickmode mit feinen Details und umfangreicher Farbpalette. Die französische Modemarke Eric Bompard hat sich auf Kaschmir spezialisiert und fertigt aus dieser hochwertigen Wolle edle und haltbare Teile. Für feinen Sommerstrick werden auch Naturfasern wie Seide und Baumwolle verarbeitet.

116 [D5] **Freep'Show,** 80, rue du Loup, Tram A, B: Hôtel de Ville, Do.–Sa. 11–19 Uhr. *Fripes* ist der französische Slangausdruck für Klamotten und diese coole *Friperie* (oder eben Freep'Show) führt Vintage-Mode für Männer und Frauen. Wer Secondhandkleidung mag, findet in dieser kleinen und vollgestopften Boutique das eine oder andere Teil für eine ganz individuelle Garderobe.

077bd-gk

Die Designerin Anne Fontaine hat sich auf weiße und schwarze Oberteile spezialisiert

117 [C4] **Heschung,** 14 place des Grands Hommes, Tram B: Gambetta, www.heschung.com, Mo.–Sa. 10–19 Uhr. Seit 1934 werden die sportlich-eleganten Schuhe für Herren und Damen aus hochwertigem Glatt- oder Wildleder in handwerklicher Qualität im Elsass gefertigt. Die robusten und langlebigen Halbschuhe, Stiefel und Stiefeletten sind eine Investition wert!

118 [D4] **Michard Ardillier,** 29 Galerie Bordelaise, Tram B: Grand Théâtre, www.michardardillier.com, Mo.–Fr. 10.15–19, Sa. 10–19 Uhr. Das Schuhgeschäft, seit 1978 zwischen Rue Sainte-Catherine und Galerie Bordelaise ansässig, führt eine große Auswahl an Marken und Modellen vom Sneaker über Sandalen bis zur Stiefelette – für Damen, Herren und Kinder.

119 [C5] **Nouvelle Vague,** 59 rue des Remparts, Tram B: Gambetta, https://nouvellevague-bordeaux.fr, Di.–Fr. 10–13.30, 15.30–19, Sa. 10–19 Uhr. Der Laden mit der leuchtend blauen Fassade offeriert die Vielfalt französischer Fisch- und Meeresprodukte, darunter hervorragende Dosensardinen aus renommierten französischen „Conserveries", Thunfisch-Rillettes und andere „Tartinables" (Dips aus Fisch oder Jakobsmuscheln) im Glas, Algenprodukte und edle Krustentiersuppen.

120 [C5] **Pain de Sucre,** 24 rue des Remparts, Tram B: Gambetta, www.paindesucre.com, Mo./Di. 10–13 und 14–19, Mi.–Sa. 10–19 Uhr. Die südfranzösische Marke ist spezialisiert auf Badeanzüge, Bikinis und Strandbekleidung. Vieles lässt sich toll miteinander kombinieren.

121 [cg] **Quai des Marques,** Hangars 15–19, Quai des Chartrons, Tram B: Les Hangars, www.quaidesmarques.com, Di.–So. 10–19 Uhr. Das Factory-Outlet am Garonne-Ufer bietet in fünf alten Hangars rund 30 Geschäften – mit reduzierter Ware großer Marken, darunter Kleidung und Sportswear, aber auch Bettwäsche, Küchenartikel von Le Creuset und Porzellan von Gien – und einem Dutzend Restaurants Raum.

122 [C4] **Repetto,** 47 cours de l'Intendance, Tram B: Grand Théâtre, www.repetto.com, Mo.–Sa. 10–19 Uhr. Die französische Schuhmarke ist auch in Bordeaux mit einem Laden vertreten. Seit 1947 fertigt der Pariser Tanzsportspezialist Ballettschuhe und inzwischen auch Ballerinas in vielen Farben sowie einige Stiefel- und Mokassinmodelle.

Geschenke, Souvenirs, Wohnen

123 [C5] **Artiga,** 73 rue des Trois Conils, Tram B: Gambetta, www.artiga.fr, Mo.–Sa. 10–13 und 13.30–19 Uhr. Knallbunte Streifen oder Ton in Ton – Artiga produziert unverwüstliche, robuste Textilien aus Baumwolle, die es als Meterware gibt oder verarbeitet zu Sets und Läufern, Tischdecken in allen erdenklichen Maßen, Taschen und Beuteln, Topflappen und Ofenhandschuhen oder sogar Espadrilles. In der wetterfesten Acrylvariante zieren die charakteristischen poppigen Streifenmuster auch Outdoor-Kissen und -Polster. Das baskische Unternehmen produziert in Frankreich, gar nicht so weit weg von Bordeaux (nördlich von Biarritz in den Landes).

124 [D6] **Bonendroi,** 19 rue Saint-James, Tram A: Sainte-Catherine, www.bonendroi.com, Mo. 13–19, Di.–Sa. 10–19, So. 13–19 Uhr. Dekoladen, der auf den ersten Blick wie Ali Babas Höhle für Hipster wirkt oder die zeitgenössische Version eines Souks. Nebst Hüten und Sonnenbrillen, Hockern und Sesseln, Taschen und Rucksäcken sind auch ausgefallene Dinge zu entdecken, die man nicht in jedem zweiten Dekoshop findet: alte Kof-

037bd-gk

fer und Retrowecker, nostalgische Emailledosen und bunt geblümte Turnbeutel, Pflanzensamen und knallbunte Kopfhörer, Betonlampen und Bonbonspender.

125 [D7] **Coutellerie Prince,** 260 rue Sainte-Catherine, Tram B: Victoire, www.coutellerie-prince.fr, Mo. 14–18, Di.–Sa. 10–19 Uhr. In Frankreich gibt es renommierte Messerschleiferstädte, etwa Thiers in der Auvergne und Laguiole im Aveyron. Seit der Eröffnung 1917 und vier Generationen schon ist Prince der Bordelaiser Spezialist für Besteck und Scheren, Klapp- und Küchenmesser.

126 [E5] **En Terre d'Atelier,** 3 rue du Chai des Farines, Tel. 0619330905, Tram C, D: Place de la Bourse, Di./Mi. 14–21, Do.–Sa. 14–19 Uhr. Töpferatelier mit eigener Keramik und Kursangebot. Keramikkünstler Damien fertigt Vasen und Geschirr, darunter schöne Schalen und Schüsseln.

127 [D5] **Le Petit Souk,** 27 rue du Pas Saint-Georges, Tram C, D: Place de la Bourse, www.lepetitsouk.fr, Mo. 14–19 Uhr, Di.–Sa. 10–19 Uhr. Eine bunte Boutique mit Spielzeug und Puppen, Lampions, Lampen und Kleinmöbeln fürs Kinderzimmer, Baby- und Kinderbekleidung. Zwischen allerhand pastell- oder knallfarbenem Kitsch finden sich schöne Papeterie-Artikel, Textilien mit Libertyblümchen, Tipis fürs Versteckspiel und jede Menge lustige Dekoartikel.

128 [D5] **Lodge,** 6 rue du Pas Saint-Georges, Tram C, D: Place de la Bourse, www.lodge-boutique.fr, Di.–Sa. 10–19 Uhr. Die Boutique in der Altstadt führt Deko für Tisch, Küche und Wohnen und viele schöne handwerklich gefertigte Dinge. Isabelle und Fabien Desmaris schätzen besonders natürliche Materialien und suchen nachhaltig produzierte Artikel, vorzugsweise aus dem Fair-Trade-Handel. Hier erhält man auch die wunderbare Keramik von Jars Céramistes aus der Provence.

129 [D6] **Marcel Travel Posters,** 25 rue Saint-James, Tram A: Sainte-Catherine, https://marcel-travelposters.com, tägl. 10–19 Uhr. Eine große Auswahl an Magneten, Postkarten und Postern mit Reisemotiven im Retrostil der 1930er-Jahre. Was aussieht wie Vintage-Nachdrucke ist aber neu entworfen. Schöne Bordeaux-Ansichten und viele weitere von Avignon über Barcelona bis Versailles.

Vintage, Kitsch und Design in der Passage Saint-Michel (s. S. 87)

130 [C5] **Mollat,** 15 rue Vital Carles, Tram B: Gambetta, www.mollat.com, Mo.–Sa. 10–20, So. 14–19 Uhr. Die größte unabhängige Buchhandlung Frankreichs, seit 1896 als Familienunternehmen geführt, ist überwältigend. Das weitläufige Geschäft zieht sich durch mehrere Altbauten und hält in den Regalen und auf den Büchertischen für jede Lesevorliebe eine gigantische Auswahl bereit. Und wer kein Französisch liest: Auch die Auswahl an englischsprachigen Krimis und anderen Taschenbüchern ist beeindruckend.

131 [F7] **Passage Saint-Michel,** 15 place de Canteloup, Tram C, D: Saint-Michel, www.facebook.com/lesbrocanteursde saintmichel, Di.–Sa. 10–18 Uhr, So. 10–15 Uhr. Mehrere Künstler, Trödel- und Antiquitätenhändler haben sich in einer ehemaligen Bananenreiferei aus dem 18. Jahrhundert zusammengetan. Schon fast 20 Jahre bieten sie auf rund 500 Quadratmeter Fläche Kitsch, Vintage und Design feil, von Büchern und Platten über Geschirr, Glas und Silber bis zu Möbeln, Lampen, Gemälden, Puppen, altem Spielzeug und Schmuck.

132 [D2] **Village Notre-Dame,** 61–67 rue Notre-Dame, Tram B: Chartrons, Tel. 0556526613, www.villagenotredame.com, Mo.–Sa. 10–12.30 und 14–19, Okt.–April auch So. 10–13 Uhr. Unter einem Dach haben sich in dieser ehemaligen Druckerei im Chartrons-Viertel mehr als 30 Antiquitätenhändler eingemietet. Auf zwei Etagen und 1500 m² findet man Spezialisten, ob für Möbelklassiker des 20. Jahrhunderts, Spiegel oder Teppiche, und Generalisten.

133 [D4] **W.A.N.,** 1 rue des Lauriers, Tram B: Grand Théâtre, www.wanweb.fr, Mo, Mi.–Sa. 10–19 Uhr. W.A.N. ist die Abkürzung für We Are Nothing, und das steht für die Überzeugung, dass der Mensch ohne Rücksicht auf die Umwelt nicht existieren kann, die Umwelt aber gut ohne Menschen. Der Laden führt nur nachhaltig produzierte Artikel „made in France" und Recycling-Objekte, etwa Taschen aus Lkw-Plane oder Fahrradschläuchen, Uhren aus Schallplatten und Kaminanzünder aus Kaffeesatz.

134 [F7] **Yvonne Lifestore,** 2 rue Gaspard Philippe, Tram C, D: Saint-Michel, www.yvonnelifestore.com, Mi.–Sa. 11–19 So. 11–17 Uhr. Ein Concept Store fürs schöne Zuhause mit Textilien und Homewear, Leuchten, Keramik und Kleinmöbeln von französischen Marken wie Petite Friture und Germaine des Prés, aber auch internationalem Design aus Finnland (Lapuan Kankurit) oder Italien (Servomuto).

Mein Tipp

Shop 'n' Stop

Im **Any'Teas** (s. S. 58) in der versteckten Passage Sarget kann man Tee nicht nur kaufen, sondern stilecht zur *tea time* mit Patisserie genießen. Das **La Bocca** (s. S. 64) im Chartrons-Viertel tischt nicht nur italienische Speisen auf, sondern hält auch ein Sortiment landestypischer Spezialitäten bereit. Richtig umfangreich ist die Imbiss-Auswahl in der Markthalle **Marché des Capucins** 28 und in den **Halles de Bacalan** (s. S. 42).

Auf dem **Marché des Quais** (s. S. 82) kauft sonntags halb Bordeaux ein – oder verzehrt Muscheln oder Austern auf die Hand. Zu der **Passage Saint-Michel** (s. links) mit Trödel und Antiquitäten gehört die gleichnamige Brasserie nebenan, die mit ihrer alten Bar und dem Ambiente der 1950er-Jahre durchaus einen Blick wert ist. Das **Books & Coffee** (s. S. 70) und **Café de L'Alchimiste** (s. S. 70) rösten, verkaufen und servieren Kaffee und in einigen Weinläden mit Bar kann man Wein auch ohne einzukaufen vor Ort trinken, etwa bei **Wine More Time** (s. S. 77), **Aux Quatre Coins du Vin** (s. S. 76) und im **Julo** (s. S. 76).

040bd-gk

Bordeaux zum Durchatmen

Bordeaux ist eine Stadt der Plätze! Orte mit Flair finden sich reichlich und wer will, kann von einem zum anderen hübschen Platz flanieren – nicht nur im weitgehend autofreien Altstadtviertel Saint-Pierre, sondern auch in den nördlich und südlich angrenzenden Vierteln.

Einer der schönsten Plätze, die von großbürgerlichen Wohnhäusern gesäumte **Place du Parlement** [D5], liegt mitten in der Altstadt. In der Mitte steht ein hübscher Rokokobrunnen von 1865, rundherum gruppieren sich zahllose Cafés und Restaurants, deren Terrassenplätze sich schnell füllen. Unweit davon säumen Lokale unterschiedlicher Couleur von der Weinbar bis zum Kebabgrill die beiden belebten Plätze **Place Saint-Pierre** [E5] und **Place du Palais** [E5] in der Altstadt.

Während die Place Camille Jullian sich unauffällig in das geschäftige Einkaufsviertel eingliedert, könnte die **Place Fernand-Lafargue** [D6] im Saint-Eloi-Viertel trotz Hippiekneipe und Asiarestaurants auch ein südfranzösischer Dorfplatz sein. Jeder Platz hat sein eigenes Flair. Geradezu provinziell-beschaulich wird es auf der **Place Canteloup** bei der Kirche **Saint-Michel** 26 und unter den Platanen vor dem **Théâtre National de Bordeaux en Aquitaine** (s. S. 78) und der Kirche **Sainte-Croix** 27.

Ruhepause am Flussufer mit Blick auf die Pont de Pierre 30

Die Uferpromenade zieht sich bis zum Quai des Marques

Den **Marktplatz im Chartrons-Viertel** (Place du Marché Chartrons [D1]), dessen Mitte ein alter Pavillon ziert, säumen rundherum – wie sollte es anders sein – nette Lokale vom baskischen Restaurant bis zum Pub. Seit das Viertel angesagt ist, hat sich auch dieser Platz zum Treffpunkt gemausert, an dem junges Volk die umliegenden Terrassenplätze plaudernd und plauschend okkupiert.

So jung die Anpflanzungen im **Parc aux Angéliques** 31 sowohl flussaufwärts der Pont de Pierre als auch flussabwärts Richtung Pont Chaban-Delmas auch sind, inzwischen bieten die Uferwiesen und Parkanlagen an der Garonne und der **Jardin Botanique** 32 überall ruhige Plätze zum Entspannen und reichen näher an den Fluss als die Grünanlagen am linken Ufer. Viele machen sich mit dem Rad auf den Weg hierher, in Begleitung von Gitarren und Picknickkörben.

Mitten im Stadtzentrum und öffentlich zugänglich laden die Bänke im großen **Jardin de la Mairie** am Hôtel

Mein Tipp

Farniente in Bordeaux

Dem Nichtstun kann man sich in allen **Parks und Gärten** von Bordeaux gut überlassen. Für eine kleine Auszeit während des Stadtbummels eignet sich besonders der große **Jardin Public** 17. Ein ruhiges, sonniges Plätzchen auf der Wiese oder im Schatten der Bäume findet man dort schnell. Während in den schönen Grünanlagen an der Garonne immer Trubel herrscht, kann man im Jardin Public in aller Ruhe auf dem Rasen faulenzen, ein Sonnenbad nehmen, lesen oder einfach etwas dösen. Auch die **Orangerie** (s. S. 72) dort lädt zum Dolce Vita ein: Mit Blick ins Grüne kann man dort morgens in aller Ruhe seinen Kaffee genießen und gemütlich (die selbst mitgebrachte) Zeitung lesen.

Im Hochsommer ähneln nicht nur die Rasenflächen der Uferpromenade Strand- oder Freibädern – überall werden Decken und Handtücher ausgebreitet und Liegestühle aufstellt, ganz Bordeaux entwickelt Urlaubsflair.

041bd-gk

de Ville 10 und die Liegewiesen im **Jardin Public** 17 zur Verschnaufpause im Grünen. Ganz versteckt dagegen liegt der **Jardin des Remparts,** zu dem man nur über Treppen gelangt, unweit der Markthalle des Marché des Capucins 28.

Nirgendwo ist Bordeaux schöner als am Ufer der Garonne: Ab der Dämmerung wird die **Promenade** in langen Sommernächten zum beliebtesten Picknickplatz der Stadt. Wenn am Abend die Beleuchtung eingeschaltet ist, werfen die Lampen ein stimmungsvolles Licht auf die Szenerie. Pont de Pierre und Porte Cailhau werden beleuchtet, noch spät sausen jede Menge Radfahrer und Skater vorbei und am „Wasserspielplatz" **Miroir d'Eau** 1 finden die Kleinsten beim Planschen einfach kein Ende. Ebenfalls angestrahlt bilden die **Place de la Bourse** 1 und der Drei-Grazien-Brunnen die prächtige Kulisse für einen unvergesslichen Sommerabend.

Wer urbanes Ambiente und Cocktails für einen romantischen Sommerabend braucht, kann in der Rooftop-Bar vom Mama Shelter (s. S. 75) oder im **Gina Bordeaux** (s. S. 44) den Blick auf die Stadt genießen oder idyllischer am Ufer der Garonne in der Gartenwirtschaft Chez Alriq (s. S. 50).

Industrial Chic und urbane Hinterhof-Atmosphäre bietet das **Darwin** (s. S. 51). Die ehemalige Kaserne ist das, was in Frankreich „lieu insolite" genannt wird, ein Ort mit ganz eigenem Flair – hier ganz im Zeichen der Ökologie.

Ein Stadtteil im Wandel mit alten Industriebrachen und modernen Apartmenthäusern ist **Bacalan.** Recht coole Orte sind dort Le Garage Moderne (s. S. 60) und Les Vivres de l'Art (s. S. 60). Noch ist hier vieles im Umbruch, doch entlang der Hafenbecken eröffnen derzeit direkt am Wasser einige Cafés und Bistros mit Sommerterrassen.

Wenige Kilometer von Bordeaux entfernt laden zahlreiche Weinschlösser zur Tour ins Grüne (s. S. 52)

Zur richtigen Zeit am richtigen Ort

Auch außer den im Folgenden vorgestellten wichtigsten Festen in der Stadt ist vor allem im Sommer in Bordeaux immer viel los. Über das umfangreiche Programm mit Kultur- und Sportveranstaltungen, Wine Tastings und anderen Events informiert das Office de Tourisme (s. S. 114). Aktuelle Infos findet man auch unter www.bordeaux.fr/p81608/festivals.

Januar bis April

- **Bordeaux Rock,** Ende Januar. Live-Auftritte und DJs in rund einem Dutzend Musikclubs, von Electro-Pop über Folk, Rock und Pop bis zu Garage und Blues (www.bordeauxrock.com).
- **Foire de Printemps,** Ende April bis Anfang Mai. Großer zweiwöchiger Floh- und Antiquitätenmarkt auf der Esplanade des Quinconces 16 (www.bordeauxquinconces.com).

Mai, Juni

- **Bordeaux Fête le Fleuve,** Ende Mai, teils auch Juni. Die Stadt feiert alle zwei Jahre in ungeraden Jahren zehn Tage lang ihren Fluss mit Regatten und Kreuzfahrten, Ausstellungen und Konzerten, Feuerwerk und Picknick, Tanz und Wassersport (www.bordeaux-fete-le-fleuve.com).
- **Weekend des Grand Crus,** Ende Mai. Für Liebhaber großer Bordeaux-Weine eine ungeduldig erwartete Veranstaltung, bei der mehr als 100 „Große Gewächse" verkostet werden können.
- **Fête de la Musique,** 21. Juni. Musik in der ganzen Stadt: An den unterschiedlichsten Plätzen treten Amateure und Profis auf, spielen Jazz, Pop, Rock oder Klassisches, tragen Chansons vor oder geben Orgelkonzerte – die musikalische Bandbreite ist groß, und fast alle Auftritte sind kostenlos zu besuchen (https://fetedelamusique.culture.gouv.fr).
- **Bordeaux Fête le Vin,** alle zwei Jahre in geraden Jahren in der zweiten Junihälfte. Entlang einer kilometerlangen „Weinroute" reihen sich an den Kais der Garonne zahlreiche Pavillons und Foodtrucks, an denen Bordeaux-Weine verkostet und köstliche Leckereien probiert werden können. Begleitet wird die mehrtägige Schau von einem bunten Programm mit Konzerten, Weinfass-Rennen und anderen Events sowie einer täglichen Klang- und Lichtshow bei Einbruch der Dunkelheit (www.bordeaux-fete-le-vin.com, www.bordeaux-wine-festival.com).
- **Les Épicuriales,** zweite Junihälfte. Zahlreiche Stände machen aus den Allées de Tourny eine Fressmeile (www.epicuriales.com).

Warum an den Quais spazierengehen, wenn man auch tanzen kann (s. S. 92)?

094bd-gk

Juli, August

- **Fête Nationale,** 14. Juli. Der Nationalfeiertag Frankreichs wird auch in Bordeaux mit den traditionellen „Bal pompiers", den Feuerwehrbällen am Vorabend, Militärparade und großem Feuerwerk begangen.
- **Dansons sur les Quais,** zweite Julihälfte. Am Quai Louis XVIII kann den ganzen Tag und bis in die Nacht getanzt werden, tagsüber zum Erlernen von Salsa und Tango oder einfach so aus Spaß an der Bewegung. Für die musikalische Untermalung von Swing bis Country sorgen Livebands oder Klänge vom Tonträger (tägl. 11–24 Uhr, gratis, www.dansonssurlesquais.fr).
- **Relâche,** Juli, August. Gratis und Open Air: eine lose Reihe von Konzerten und DJ-Events, vor allem französischer Rock und Black Music, teils an außergewöhnlichen Orten, organisiert von Allez les Filles (https://relache.fr).
- **Reggae Sun Ska,** Anfang August. Zum riesigen Reggae-Festival, das seit 1998 im Médoc stattfindet, kommen um die 70.000 Fans (www.reggaesunska.com).

Feiertage

- 1. Januar: **Neujahrstag**
- **Ostermontag**
- 1. Mai: **Tag der Arbeit**
- 8. Mai: **Tag des Waffenstillstandes 1945**
- **Christi Himmelfahrt**
- **Pfingstsonntag** und **Pfingstmontag**
- 14. Juli: **Nationalfeiertag**
- 15. August: **Mariä Himmelfahrt**
- 1. November: **Allerheiligen**
- 11. November: **Tag des Waffenstillstandes 1918**
- 25. Dezember: **1. Weihnachtsfeiertag**

September bis Dezember

- **Médoc Marathon,** Anfang September. Am Marathon im Weinbaugebiet nehmen rund 8000 Läufer teil. Wettkampfzeiten sind zweitrangig, berühmt ist der Lauf vielmehr für seine Weinverkostungen an den Versorgungsständen und die Verpflegung der Läufer und Zuschauer mit Austern, Käse und anderen Spezialitäten. Viele Teilnehmer laufen in ausgefallenen Kostümen (www.marathondumedoc.com).
- **Journées du Patrimoine,** drittes September-Wochenende. Am Tag der offenen Tür können historische Gebäude und andere interessante Bauwerke besucht werden, die an anderen Tagen nicht für die Öffentlichkeit zugänglich sind (https://journeesdupatrimoine.culture.gouv.fr).
- **La Bordelaise,** zweite Septemberhälfte. Volkslauf nur für Frauen.
- **Art3f,** Ende Oktober/Anfang November. Der Salon international d'art contemporain, eine Verkaufsmesse für zeitgenössische Kunst, findet jährlich im Parc des Expositions statt (www.art3f.fr).
- **Fête du Vin nouveau et de la Brocante,** Ende Oktober. Seit vielen Jahren wird an einem Wochenende im Oktober im Chartrons-Viertel entlang der Rue Notre-Dame ein großes Straßenfest gefeiert.
- **FAB – Festival International des Arts de Bordeaux,** Oktober oder November. Am Festival für zeitgenössische Kunst beteiligen sich Museen, Kinos, Theater und Clubs und stellen neue Trends vom Ballett über Grafik, Malerei, Fotografie und Musik bis zu Theater und Oper vor (https://fab.festivalbordeaux.com).
- **Foire d'Automne,** Ende November bis Anfang Dezember. Großer zweiwöchiger Floh- und Antiquitätenmarkt auf der Esplanade des Quinconces 16 (www.bordeauxquinconces.com).
- **Marché de Noël,** Dezember. Weihnachtsmarkt auf den Allées de Tourny (www.marche-de-noel-bordeaux.com).

BORDEAUX VERSTEHEN

047bd-gk

Bordeaux – ein Porträt

Das moderne Bordeaux gibt sich weltoffen – überall schlendern gut gelaunte junge Leute durch die Stadt, an jeder Ecke laden Restaurants und Weinbars mit Terrassenplätzen zur Pause ein, in den Gassen herrscht buntes Leben und im Hochsommer Urlaubsflair. Wer an einem warmen Tag durchs abendliche Bordeaux bummelt, hat schnell eine neue Lieblingsstadt.

Die alte Weinstadt an der Garonne erfindet sich neu. Wer die **Hauptstadt Aquitaniens** besucht, lernt eine Stadt in Bewegung kennen, mit einer großen Vergangenheit und einem jungen Gesicht. In Bordeaux trifft das 18. auf das 21. Jahrhundert. Noch vor wenigen Jahrzehnten waren viele Gebäude heruntergekommen, die heute hellen Fassaden dunkel von Ruß und Abgasen, und wer alte Fotos sieht, wundert sich, welche heute einladenden Plätze und Winkel von Autos vollgestellt waren.

◁ *Vorseite: Im Musée National des Douanes* 2

Ende der 1990er-Jahre erwachte **„La Belle Endormie“**, „die schlafende Schöne“, wie Bordeaux auch genannt wird, aus ihrem jahrzehntelangen Dornröschenschlaf zu neuem Leben. Unter Bürgermeister Alain Juppé wurde der Stadt der Muff ausgetrieben, nicht nur durch ausgiebiges Lüften und Putzen, sondern teils auch mit Presslufthammer und Betonmischer. Die prächtigen Fassaden wurden gereinigt, leerstehende Lagerhallen zu Museen umgebaut, das Flussufer als grandiose Promenade gestaltet, Autos aus den Straßen der Altstadt verbannt und Altlasten beseitigt.

Der **Aufbruch** macht sich überall bemerkbar: Durch den Abbau der nutzlos gewordenen Hafenanlagen gewann die Stadt den Zugang zum Fluss und am gegenüberliegenden Ufer der Garonne, das jahrzehntelang brachlag, entsteht ein ganzes Stadtviertel neu. Nach einem großzügigen Umbau mit Rücksicht auf die denkmalgeschützten Bauten und die Belange von Fußgängern und Radfahrern ist nicht nur der alte Glanz strahlend wiederhergestellt, die Stadt hat

sich zugleich auch **verjüngt.** Den ehemaligen Industriehafen am Flussufer, nun eine einladende Visitenkarte für die Stadt, bevölkern Jogger und junge Familien, verliebte Paare und Touristen, die dort trainieren oder tanzen, picknicken, auf einer Bank lesen oder einfach nur beim Spazierengehen frische Luft schnappen. Die **Cité du Vin** 23 ist nicht nur neues Wahrzeichen der Stadt, sondern quasi auch ein architektonischer „Leuchtturm" am Garonne-Ufer. Das Pendant dazu bildet der asymmetrische Bogen des ebenfalls neuen Kulturzentrums **MÉCA** (s. S. 60) am anderen Ende der Stadt.

Noch ist das Facelifting nicht abgeschlossen, doch **Parkanlagen** wie der Parc aux Angéliques 31 am rechten Garonne-Ufer sorgen bereits für mehr Grün in der Stadt.

Die Stadt in Zahlen

- **Gegründet:** 6. Jh. v. Chr.
- **Einwohner:** 260.000, im Großraum 994.000
- **Einwohner/km²:** 5264/km²
- **Fläche:** 50 km²
- **Höhe ü. M.:** 1–42 m
- **Region:** Nouvelle Aquitaine
- **Département:** Gironde

A bord d'eau – am Ufer des Wassers

Zwei große Flüsse, die **Dordogne** und die **Garonne,** vereinen sich in der Nähe von Bordeaux und bilden den Mündungstrichter der **Gironde.** Der hier schon behäbige und breite Strom mit Verbindung zum Atlantik verschafft der Stadt im wahrsten Sinne des Wortes Luft. Dass Bordeaux an einem weiten Bogen der Garonne liegt, trug ihr den Namen Mondhafen, **Port de la Lune,** ein und dass es nicht mehr weit bis zum Meer ist, sieht man daran, dass das Wasser teils flussaufwärts fließt – die Flut drückt die Wassermassen den Mündungstrichter hinauf. Von Anfang an war Bordeaux eine **Hafenstadt,** auch wenn sie 50 km landeinwärts liegt (damit vergleichbar mit der Lage

Stadt Land Fluss – die Garonne und die Weinregionen rundherum prägen Bordeaux

048bd©marcociannarel, stock.adobe.com

Hamburgs): Über Garonne und Gironde ließen sich Waren zum Atlantik und von dort auf alle Kontinente transportieren. Heute ist der Hafen weiter Richtung Meer gerückt, dafür legen an den Quais immer mehr Kreuzfahrtschiffe an.

Bis zum Beginn des 19. Jahrhunderts musste Bordeaux ohne Brücke auskommen und war daher zweigeteilt. Der Fluss bildete eine Grenze zwischen dem wachsenden Zentrum auf dem Rive Gauche, dem linken Ufer, und dem **Rive Droite**, jenseits des Flusses, das nur eine untergeordnete Rolle spielte. Inzwischen gibt es zusätzlich zum Pont de Pierre die Batcub genannten Pendelboote, die über die Garonne das rechte Ufer in die Stadt integrieren. Hinzu kommen enorme Bebauungsprojekte für diesen bislang eher weniger beachteten Stadtteil. Das Viertel **Bastide** ist „très tendance", sehr in Mode, das gilt für das Bier der Microbrasserie La Lune und Konzerte in der Guinguette Alriq genauso wie für den Brunch im Darwin. Doch die zum grünen Alternativprojekt **Darwin** (s. S. 51) umfunktionierte Kaserne Niel und der **Parc aux Angéliques** 31 sind nur der Anfang der seit Langem angestrebten Belebung des rechten Ufers. Gerade wird die Umgestaltung des angrenzenden Stadtteils **Brazza** in Angriff genommen.

Und längst ist die nächste Phase der Neuerfindung von Bordeaux eingeleitet: Zeitgleich mit der Modernisierung des Bahnhofs wurde 2017 die ausgebaute TGV-Strecke eröffnet. Von oder nach Paris benötigt man mit dem Zug nur noch zwei Stunden. Nachdem die Sanierung des Weltkulturerbes, ein neues Verkehrskonzept und die Aufwertung der Garonne-Ufer umgesetzt sind, wird die Stadt unter dem Schlagwort **„Bordeaux 2030"** für die Zukunft gerüstet. 2019 eröffnete **MÉCA** (Maison de l'économie créative et de la culture, https://fracnouvelleaquitaine-meca.fr) am Quai de Paludate, mit öffentlich zugänglicher Kunstgalerie, Café und Dachterrasse. Neben einer neuen Brücke zwischen Bègles und Floirac soll dort auch das Garonne-Ufer (derzeit noch Schnellstraße) begrünt werden. Mit dem Ökoviertel Ginko, den neuen Quartieren an den Bassins à flot 24 im Viertel Bacalan und dem städtebaulichen Großprojekt Euratlantique in Bahnhofsnähe entstehen komplett neue Stadtteile für die knapp 260.000 Einwohner zählende Stadt. Gerechnet wird mit einem deutlichen Zuwachs von rund 100.000 Einwohnern – der Port de la Lune soll dann kein sichelförmiger Halbmond mehr sein, sondern ein Vollmond.

KURZ & KNAPP

Aquitanien

Aquitanien, die **Region im Südwesten Frankreichs,** die als „Land des Wassers" ihren Namen vom römischen *aqua* ableitet, umfasste bis 2015 die Départements Dordogne, Gironde, Landes, Lot-et-Garonne und Pyrénées-Atlantiques. Die im Westen vom Atlantik und im Süden von den Pyrenäen bzw. Spanien begrenzte Region mit **Bordeaux als Verwaltungssitz** wurde 2016 mit den nördlich angrenzenden Regionen Limousin und Poitou-Charentes fusioniert.

Seither heißt die Großregion **Nouvelle Aquitaine**. Da schon die römische Provinz Aquitanien bis zur Loire reichte und diese Ausdehnung bis ins Mittelalter bestehen blieb, passt der Name auch heute noch bzw. heute wieder für diese Region sehr gut.

049bd-gk

Eine Stadt mit Stil

Elegante **Prunkbauten** im Stil des Klassizismus zeugen von Pracht und Wohlstand. Die vornehme Strenge und Symmetrie der Fassaden wird durch Bögen und Simse betont, kleinste Abweichungen und sparsames Dekor setzen Akzente – am vornehmen Cours Xavier Arnozan ist jedes schmiedeeiserne Geländer anders gestaltet. Doch die regelmäßigen Fassaden mit ihren anmutig geschwungenen Balkonen im ersten Stock, den bodentiefen Fenstern und den Dachmansarden verleihen der Stadt eine harmonische Einheit. **Verzierungen** aus Stein, vor allem Maskaronen (s. S. 98), Simse und Konsolen schenken Eleganz. Seit 2007 zählt Bordeaux zum Weltkulturerbe der UNESCO – mit 1810 ha das größte Stadtensemble.

Neben dem wirtschaftlichen Aufschwung verdankt die Stadt ihr einzigartiges architektonisches Erbe dem Wirken der vom König eingesetzten **Intendanten** (s. S. 24). Zu ihren Aufgaben als Vertreter der Zentralgewalt gehörte die Sanierung und Modernisierung der zu Beginn des 18. Jahrhunderts fast noch mittelalterlich wirkenden Stadt. Mit Unterstützung der Stadtväter, der 1706 gegründeten Handelskammer und dank königlicher Vollmachten schufen sie ein neues, als Ensemble geplantes Bordeaux, dessen architektonisches Glanzstück die Place de la Bourse ❶ ist. Börse und Zollgebäude umschließen den Platz an drei Seiten und verleihen der schlossähnlichen Anlage eine majestätische, fast feierliche Wirkung.

Erster Intendant war Claude Boucher, der mit der Gestaltung der Place Royale, der heutigen Place de la Bourse, den Anfang machte. Seine Nachfolger setzten die Stadterneuerung konsequent fort: 1743 bis 1757 amtierte Marquis Louis-Urbain de Tourny als Intendant und versprach, aus Bordeaux die schönste Stadt Europas zu machen. Er beauftragte manch klassizistisches Gebäude, aber auch die Anlage neuer Straßenzüge und Parks. Neue Stadtviertel, großzügige Plätze, Alleen und weitläufige Gärten entstanden – alles wurde herausgeputzt. Die Sanierung der letzten Jahre lässt die alte Pracht wieder hell erstahlen.

Harmonie und Gleichmaß prägen die klassizistischen Fassaden der Stadthäuser

Maskaron

Schlendert man beispielsweise am Quai de Richelieu ein Stück entlang der schönen Fassaden zur Garonne hin, fallen irgendwann die vielfältigen Maskarone ins Auge, mit denen die Häuser im Erdgeschoss oder der ersten Etage geschmückt sind. Vor allem entlang der Quais findet man unzählige dieser Skulpturen mit menschlichen Gesichtern als Schlussstein über Tor- und Fensterbögen, die charakteristisch für die Bordelaiser Architektur sind. Auch überall sonst in der Stadt sind sie an Häusern aus dem 18. Jh. zu entdecken.

Der Name Maskaron (frz. „mascaron“) für „Fratzengesicht“ und verwandt mit dem deutschen Begriff „Masken“ leitet sich vom italienischen „mascherone“ her: In der Architektur der Antike und Renaissance speisten solche Fratzen häufig Brunnen. Sie sind keine Porträts, sondern rein dekorative Elemente, auch wenn manche Köpfe dem Betrachter als Abbilder realer Personen erscheinen mögen. Andere gleichen eher Fabelwesen wie Satyrn und Gorgonen oder stellen antike Göttern von Apollo über Neptun bis zu Bacchus dar. Zu hübschen Mädchen und Frauen gesellen sich Türken und Afrikaner, Seemänner und Nonnen, Tiere, „Wilde“ und Engel.

Die Blütezeit dieses Fassadenschmucks lag zwischen 1730 und 1770, doch auch einige später erbaute Häuser weisen die menschenähnlichen Halbplastiken auf. Wer genau hinschaut, kann auch Freimaurersymbole, den Davidstern und sogar Jesus mit Dornenkrone entdecken.

Rund 3000 dieser Bauornamente soll es in Bordeaux geben: Unter den unzähligen verschiedenen Ausprägungen sind allegorische, komische und traurige, groteske und naive, stilisierte und detailverliebte Exemplare – allerdings lächeln nur die wenigsten, die meisten Maskarone schauen starr, viele blicken mit verzerrten Gesichtszügen, aufgerissenem Mund oder aufgeblasenen Backen über den Betrachter hinweg. Anders als Wasserspeier, die dazu dienten, das Regenwasser abzuleiten, und Neidgesichter an mittelalterlichen Fachwerkhäusern, die das Böse abwehren sollten, haben die Maskarone aber wohl nur schmückende Funktion.

Tram- und Radelstadt

Dass Bordeaux mehrfach als attraktivste europäische Reisedestination ausgezeichnet wurde, liegt nicht nur an den berühmten Weinen und der harmonischen Architektur aus dem 18. Jahrhundert – beides gibt es schon länger. Erst die **fußgänger- und radlerfreundliche Infrastruktur** macht die Stadt so anziehend für Besucher. Nicht nur die weitgehend autofreien Straßen und Gassen der Altstadt, vor allem auch die kilometerlange Uferpromenade an der Garonne sind für Einwohner wie Besucher ein echter Gewinn an Lebensqualität.

Fast lautlos gleitet die Tram durch die verkehrsberuhigten Straßen. Die **Straßenbahn** entlastet Bordeaux mit vier Linien vom Autoverkehr, zwei weitere sind für 2025 geplant. **Leihräder** (s. S. 120) sind ein weiteres Fortbewegungsmittel und als nachhaltige und umweltfreundliche Verkehrslösungen stehen auch **Elektro-TukTuks** (s. S. 122) und **Velotaxis** (s. S. 129) zur Verfügung.

Von den Anfängen bis zur Gegenwart

Vom Know-how sei Bordeaux eine Stadt des Nordens, vom „savoir-vivre" eine Stadt des Südens, sagt der Ex-Bürgermeister Alain Juppé über seine Stadt.

Die Lage im Südwesten Frankreichs ist weit genug weg von Paris, dass die Hauptstadt nicht immer Bezugs- und Orientierungspunkt war. Mehr als 300 Jahre gehörte die Stadt zudem zu England: Auch wenn das Jahrhunderte zurückliegt, pflegt man in Bordeaux gerne britische Traditionen und Kontakte.

Das 18. Jahrhundert war das „goldene Zeitalter" von Bordeaux: Der Handel mit Wein und Sklaven sorgte für Wohlstand. Den „Bordeleser Korkenadel" stellten die gut betuchten Weinhändlerfamilien, die früher in der Stadt den Ton angaben. Stattliche Segelflotten liefen nach Übersee aus und machten auch Reeder und Händler von Kolonialwaren reich.

1. Jh. v. Chr.–3. Jh. n. Chr. Nach den militärischen Eroberungszügen des Gaius Julius Caesar ist im Jahr 51 v. Chr. ganz Gallien dem Imperium Romanum einverleibt. „Land des Wassers", Aquitania, nennen die Römer den heutigen Südwesten Frankreichs. Burdigala, das heutige Bordeaux, ist bereits zu römischer Zeit eine blühende Siedlung und Hauptstadt der Provinz Aquitania. Bis heute lassen sich die geometrisch angelegten Straßen der römischen Stadt erkennen – mit der Rue Sainte-Catherine als Cardo und der Rue Porte Dijeaux und der Rue Saint-Rémi als Decumanus. Bauten aus dieser Zeit haben sich jedoch kaum bewahrt, nur Reste des Amphitheaters stehen noch. Mit dem Weinbau hinterließen die Römer auch die ökonomische Grundlage für die nächsten Jahrhunderte.

4.–6. Jh. In den dunklen Jahrhunderten leidet Bordeaux unter den Raubzügen von Alamannen, Vandalen und Westgoten. Im Jahr 507 wird Bordeaux von den Franken erobert.

8. Jh. Die Sarazenen/Mauren dringen von Spanien aus über die Pyrenäen vor und legen Bordeaux in Schutt und Asche.

9. Jh. Die französische Küste leidet unter den Raubzügen der Normannen, die in blitzartigen Überfällen plündernd einfallen. Mit ihren kleinen und wendigen Schiffen befahren die „Nordmänner" auch Flüsse. Über die Gironde-Mündung erreichen die nordischen Piraten 848 Bordeaux und erobern die Stadt nach längerer Belagerung.

12. Jh. Die Hochzeit des zukünftigen Königs von Frankreich, Ludwig VII., und Eleonore, der Erbin des Herzogtums von Aquitanien, im Jahr 1137 vereint deren Gebiete. Nachdem die Ehe annulliert ist, heiratet Eleonore im Jahr 1152 Heinrich Plantagenet, Herzog von Anjou. Als dieser zwei Jahre später König von England wird, vereint sie ihre Provinzen mit dem englischen Königreich. Aus der Königin von Frankreich wird die Königin von England – ein in der Geschichte einmaliger Vorgang. Da Eleonore neben dem Herzogtum Aquitanien weitere Gebiete in die Ehe einbringt und Heinrich bereits über Normandie, Maine und Anjou herrscht, entsteht ein weit ausgedehnter Machtbereich, der sich von den Pyrenäen bis nach Schottland erstreckt, von Historikern Angevinisches Reich genannt.

15. Jh. Aquitanien bleibt drei Jahrhunderte unter englischer Herrschaft – für Bordeaux dank des lukrativen Handels mit England ein Glücksfall: Die Stadt blüht auf und erhält zahlreiche Privilegien und Konzessionen wie kaum eine andere Stadt auf dem Festland. So sind Bordeaux-Weine bei der Ausfuhr von jeglichem Zoll befreit, der Vertreter der Krone darf in Bordeaux Münzen schlagen und Steuern erheben und auch die Gerichtsgewalt über ein ausgedehntes Gebiet liegt bei den Statthaltern in Bordeaux. Im Hundertjährigen Krieg bleibt die Stadt treue Anhängerin der englischen Ansprüche. Erst nach der letzten Schlacht des Hundertjährigen Krieges, die 1453 östlich von Bordeaux in Castillon-sur-Dordogne stattfindet, fällt Bordeaux ans französische Königreich zurück.

zweite Hälfte des **15. Jahrhunderts** Nach dem Ende des Hundertjährigen Kriegs beschneidet der französische König Karl VII. die Privilegien und erhebt drückende Steuern. Die Stadt gerät in eine Krise: Binnen fünf Jahrzehnten verliert Bordeaux die Hälfte seiner Einwohner, der Weinexport sinkt von hunderttausend auf zehntausend Fässer.

1539 Französisch wird zur Amtssprache erhoben. Das auch in Bordeaux gesprochene Okzitanisch wird über die Jahrhunderte immer mehr zurückgedrängt. Die vereinheitlichte Sprache soll die historisch und kulturell recht unterschiedlichen Regionen zur Einheit fügen.

16. und 17. Jahrhundert In den Provinzen erheben sich immer mehr Bürger gegen die Zentralgewalt. Nach mehreren Aufständen in Bordeaux greifen strenge Sanktionen Ludwigs XIV. gegen die Stadt. Zur Kontrolle werden zudem bedrohliche Festungen errichtet: das Château Trompette an der Stelle der heutigen Esplanade des Quinconces 16 und das Fort du Hâ. Nachdem der König die gallo-römischen Ruinen der Piliers de Tutelle und mehr als 300 Häuser niederreißen lässt, damit die Kanonen der Festungen auch auf die rebellische Stadt gerichtet werden können, fügt sich Bordeaux in die Rolle der für den Handel wichtigen, politisch aber bedeutungslosen Stadt. Mit der Gründung der französischen Kolonien auf den Antillen im Jahr 1680 blüht der Handel erneut auf.

18. Jahrhundert Ein wirtschaftlicher Aufschwung ohnegleichen macht Bordeaux zur großen Handelsstadt – und reich. Der Hafen bewältigt ein Viertel des gesamten Seehandels in Frankreich. Der Höhe-

050bd

punkt des Weinexports und einträgliche Zucker- und Tabakimporte verwandeln Bordeaux in einen geschäftigen Überseehafen. Dank dem Handel mit den Kolonien, den nordischen Ländern und Übersee ist Bordeaux für das französische Königreich das Tor zum Ozean. Das „goldene Zeitalter" von Bordeaux wird unter den von der königlichen Zentralgewalt eingesetzten Intendanten architektonisch verewigt: Die klassizistischen Bauten repräsentieren den Wohlstand der Bordeleser Bürger.

1789–1793 Ausbruch der Französischen Revolution, zu deren Folgen die Abschaffung der Monarchie, die Enteignung von Kirchenbesitz und die Zerstörung von Kunstschätzen und Baudenkmälern gehören. Eine Fraktion der Revolutionäre aus Bordeaux und Umgebung nennt sich Girondisten nach dem neu geschaffenen Département Gironde. 1791 bis 1793 werden diese gemäßigten Republikaner von den radikalen Jakobinern verdrängt. Im Zuge der Niederschlagung der Girondisten-Bewegung werden der Anführer Jacques Pierre Brissot und seine Männer auf dem Schafott hingerichtet.

1810 Napoleon fördert den Bau einer ersten Steinbrücke über die Garonne.

1870, 1914 Bordeaux wird als „Nothauptstadt" provisorischer Sitz der französischen Regierung, die während des Deutsch-Französischen Kriegs und des Ersten Weltkriegs aufgrund akuter Bedrohung aus Paris flieht.

1940–1945 Im Jahr 1940 werden Nordfrankreich und Paris von den Deutschen besetzt. Die Regierung bezieht erneut Quartier in Bordeaux, bevor Vichy zur Hauptstadt wird. Während des Zweiten Weltkriegs besetzen die Deutschen 1942 auch den Süden Frankreichs. Der Atlantikwall wird gebaut.

1947–1995 Der gaullistische Bürgermeister Jacques Chaban-Delmas bleibt (mit Unterbrechung) mehr als 40 Jahre lang das konservative Stadtoberhaupt. Auf sein Betreiben entstehen das Büro- und Geschäftsviertel Mériadeck und das Messegelände Le Lac im Norden der Stadt. Bordeaux entwickelt sich zum Handelshafen und Industriezentrum.

054bd-gk

Wie eine Mondsichel zieht sich Bordeaux am Fluss entlang

Der Marquis de Tourny, einer der Intendanten von Bordeaux (s. S. 24)

1981 Die rund 560 km lange Autobahn A10, genannt Aquitaine, verbindet Paris mit Bordeaux. Seit den 1960er-Jahren im Bau, wird das letzte Teilstück 1981 freigegeben.

ab 1995 Alain Juppé wird Bürgermeister und stößt diverse Projekte zur Modernisierung der Stadt an: den Bau der Trambahn und die Verbannung der Autos zugunsten von weitläufigen Fußgängerbereichen, die Sanierung der Altstadt im Rahmen eines europäischen Förderprogramms und den Aufbau des Stadtviertels am anderen Garonne-Ufer.

2003/04 Die Tramlinien A, B und C nehmen den Betrieb auf.

2013 Die Hubbrücke Pont Chaban-Delmas, damals die größte Europas, wird in Betrieb genommen.

2016 Die Cité du Vin 23, das neue Wahrzeichen von Bordeaux am Ufer der Garonne, wird eröffnet.

2017 Für die Fahrt von Bordeaux nach Paris benötigt der TGV nur noch zwei Stunden. In Bahnhofsnähe ist Euratlantique mit 740 ha Fläche das zu der Zeit größte Bauprojekt Frankreichs.

2019 Das Musée de la Mer et de la Marine an den Bassins à flot 24 wird eröffnet.

2023 Die Bauarbeiten an der Pont Simone Veil verzögern sich, fertig wird die neue Brücke wohl erst 2024.

055bd-gk

Leben in der Stadt

Bordeaux ist als Aquitaniens Hauptstadt das politische, wirtschaftliche und kulturelle Zentrum Südwestfrankreichs und blieb doch überschaubar. Sie war immer eine Handelsstadt, keine Industriestadt. Bekannt als weltwichtigster Umschlagplatz für die geschätzten Bordeaux-Weine, ist sie aber auch Universitätsstadt und Kongressmetropole.

Frankreich ist in Départements gegliedert, diese sind zu Regionen zusammengefasst, die große Verwaltungseinheiten bilden. Bis 2015 waren das neben den Überseegebieten Frankreichs 22 europäische Regionen, darunter **Aquitanien.** 2016 wurde die Zahl der Regionen auf 13 verringert und Aquitanien mit dem Limousin und Poitou-Charentes zusammengefasst. Die Region **Nouvelle Aquitaine** besteht nun aus 12 Départements und ist mit 84.036 km² Fläche seither die größte Region Frankreichs. Mit **6 Mio. Einwohnern** steht sie an dritter Stelle hinter der Île-de-France mit dem Großraum Paris und der Region Auvergne-Rhône-Alpes mit Lyon (an vierter Stelle, berücksichtigt man das überseeische Französisch-Guyana). Bordeaux liegt im **Département Gironde** mit der Ordnungsnummer 33. Die Stadt hat knapp 260.000 Einwohner, im Ballungsraum ist mit 994.000 Einwohnern fast die Millionengrenze erreicht.

> *Den schönsten Blick auf Bordeaux bieten Restaurants wie L'Estacade (s. S. 68)*

< *Am Monument des Girondins (s. S. 36) posiert auch der gallische Hahn*

052bd-gk

Für **Beschäftigung** sorgen Luft- und Raumfahrttechnik, Raffinerien, Chemiewerke, Maschinenbau im Großraum Bordeaux, der Dienstleistungssektor, die Nahrungsmittelproduktion, Landwirtschaft und der Weinbau. Hat man die Gewerbegebiete um die Stadt herum vom Flughafen aus erstmal hinter sich gelassen, macht sich das im Stadtzentrum selbst aber kaum bemerkbar.

Bordeaux wird grün

Nachdem man in Frankreich jahrzehntelang keine Gedanken an Mülltrennung, nachhaltige Verkehrskonzepte oder Klimawandel verschwendete, hat das Land enorm aufgeholt. Auch in Bordeaux tut die städtische Verwaltung deutlich mehr, als nur hier und dort eine Wand vertikal zu begrünen. Im Zentrum sorgen **umweltfreundliche Verkehrsmittel** wie Tram und Leihfahrräder sowie weitläufige **Fußgängerbereiche** für deutlich weniger Autoverkehr und bessere Luftqualität – Bordeaux atmet auf!

Neue **Parkanlagen** wie der Parc aux Angéliques 31 am rechten Garonne-Ufer machen die Stadt grüner. Schon 2001 wurde ein „Plan vert" verabschiedet, mit dem Ziel, Biodiversität zu erhalten und mehr Grünflächen zu schaffen. Hinzu kam später eine **„Charte écologique"**, die den Verzicht auf Herbizide und eine Verringerung des Wasserverbrauchs in den Parks durchsetzte. Bei anderen Vorhaben geht es um Bauvorschriften, Energieverbrauch, Klimaschutz ... Überall sind Glascontainer für das **Recycling** aufgestellt und in ganz Frankreich gilt ein **Plastiktüten-Verbot**. Für die neuen **Stadtquartiere** am rechten Garonne-Ufer und rund um die Bassins à flot 24 gibt es zumindest Willensbekundungen unter dem Motto „zéro énergie" und „zéro carbone", also den Anspruch, Energieverbrauch und Schadstoffausstoß möglichst gering zu halten und erneuerbare Rohstoffe einzusetzen.

Bordeaux nimmt auf der Liste der Städte, in denen die Franzosen gerne wohnen und Studierende gerne die

MEIN TIPP

Maison Ecocitoyenne

Dem Thema Nachhaltigkeit widmet sich das Maison Ecocitoyenne am Garonne-Ufer (auf Höhe der Porte Cailhau), das sich als Vermittler versteht und in Wechselausstellungen, Workshops und bei Stadtspaziergängen spielerisch Wissen zu vermitteln versucht – Französischkenntnisse allerdings vorausgesetzt.

•**135** [E5] **Maison Ecocitoyenne,** Quai Richelieu, https://maisoneco.bordeaux-metropole.fr, Di.–So. 11–18 Uhr, Do. bis 20 Uhr, Tram A, C, D: Porte de Bourgogne

Vielfältige Infos, was die Stadt in Sachen Energieverbrauch, Klimaschutz, Grünachsenplanung etc. unternimmt, findet man auf der offiziellen Website der Stadt:

› www.bordeaux.fr (Menüpunkt „Urbanisme résilient" und „Transition climatique")

Universität besuchen möchten, den ersten Platz ein. Ein guter Grund dafür dürfte die **Lebensqualität** sein – mit umweltfreundlichen Verkehrsmitteln, sauberer Luft, viel Grün und einer Stadtverwaltung, die sich mit ihren Maßnahmen explizit am Wohlergehen ihrer Bürger ausrichtet. Kein Wunder, dass immer mehr Hauptstädter ihre Umzugspläne auch in die Tat umsetzen, seit man mit dem TGV in zwei Stunden in Paris sein kann.

Einwohner und Besucher

Bordeaux gilt in mehrfacher Hinsicht als **„englischste" Stadt des Kontinents:** Aufgrund Jahrhunderte währender Beziehungen zu Großbritannien legte man Wert auf britischen Akzent und englische Vornamen – zumindest in den wohlhabenden, äußerst konservativen Bürgerfamilien, die an kühler Reserviertheit auch Hanseaten das Wasser reichen kön-

051bd-gk

nen. Das ist passé. Bourgeois, konservativ und snobistisch, betulich und verschlossen, wohlsituiert und sparsam zugleich, dieses Vorurteil gegenüber der Metropole im Südwesten kultiviert man nur noch in Paris. Vor Ort widerlegen Studenten aus aller Welt und junge Franzosen das Klischee, die Stadt und ihre Bewohner seien kühl und abweisend. Unkonventionell, aufgeschlossen, unternehmungslustig, lebensfroh und heiter – so ist der Eindruck, den man von den **Einwohnern** der Stadt gewinnt.

Die Bedeutung des **Tourismus** für die Stadt ist recht erheblich: Alles dreht sich hier um Wein und Genuss. Lange Zeit war Bordeaux nur Zentrum des Weinhandels, doch zuletzt entwickelte sich die Stadt auch zum Magneten für **Weintourismus.** Stand zuvor im Fokus, guten Wein zu produzieren und Wein gut zu verkaufen, widmen sich junge Newcomer inzwischen ausgesprochen gern der Frage, wie man guten Wein genießt. Die Zielgruppe sind auch keineswegs nur zigarrenrauchende Rotweinliebhaber – mit Radtouren in die Weinregionen, Winzerbesuchen, sympathischen Weinbars und humorvoll kommentierten Verkostungen wendet man sich an eine junge Klientel.

Auch die **Kreuzfahrtschiffe** haben Bordeaux als „Destination" entdeckt. Regelmäßig legen am Quai vor der Esplanade des Quinconces riesige Schiffe an, für deren Ein- und Ausfahrt die Hubbrücke gesperrt und hochgezogen wird.

◁ Bordeaux wird als Ziel für Kreuzfahrten von Jahr zu Jahr beliebter

Bordeaux und die Garonne

An die Kurve des Flusses geschmiegt, nahm Bordeaux die Form einer Mondsichel an. **„Port de la Lune"** („Mondhafen") nennt sich die Metropole bis heute. Im 18. Jahrhundert war Bordeaux Frankreichs größter und wichtigster **Hafen.** Tausende von Weinfässern und Warenballen warteten auf den Quais an der Garonne darauf, in die ganze Welt verschifft zu werden. In dichtem Gedränge ankerten davor Frachtschiffe mit gerefften Segeln und offener Takelage, bereit zum Be- oder Entladen – so zeigen es alte Stadtansichten.

Einen Wald von Masten sieht man hier heute nicht mehr, doch noch lange, nachdem die Werften geschlossen und der Hafen flussabwärts verlegt war, versperrten Lastkräne und Lagerhallen den Blick vom anderen Ufer auf die klassizistische Häuserreihe, die Bordeaux heute so fotogen macht. Ansonsten hatte die Weinmetropole dem Wasser den Rücken zugekehrt, Docks und Hafenviertel waren auch für Touristen gänzlich uninteressant.

Die **Neugestaltung der Uferpromenade** hat Bordeaux komplett verändert und zum Wasser hin geöffnet – ein außerordentlicher Erfolg bei Einwohnern und Besuchern. **Grünanlagen** wurden angelegt und die meisten der schäbigen Lagerhallen abgerissen. Heute erinnern nur noch ein paar umgenutzte Hangars wie die Halle H14 an den Hafen, dafür liegen so riesige **Kreuzfahrtschiffe** vor Anker, dass diese mit ihren Schornsteinen selbst die Häuserreihen am Garonne-Ufer überragen. Immer, wenn ein Passagierschiff vom Atlan-

tik kommt oder wieder ablegt, wird die **Pont Chaban-Delmas** [df/g] für den Verkehr gesperrt. Es dauert seine Zeit, bis sich das bewegliche Querelement der Hubbrücke ganz nach oben geschoben hat und die gigantischen „Paquebots", wie die Oceanliner in Frankreich genannt werden, passieren können – ein Spektakel, das Radfahrer und Fußgänger, die gerade in der Nähe sind, gebannt beobachten. Allerdings bringt kaum jemand die Geduld auf, zu warten, bis es wieder weitergeht: Zwar dauert das Heben und Senken nur jeweils etwa 12 Minuten, doch bleibt die Brücke mit großem zeitlichem Sicherheitspuffer für insgesamt zwei Stunden gesperrt.

Spektakulär ist auch der Wandel rings um die **Bassins à flot** 24, die Hafenbecken im Norden. Seit 2010 und noch bis 2025 entsteht aus dem ehemaligen Gewerbegebiet ein neues Stadtquartier mit rund 5400 neuen Wohnungen, Sport- und Kultureinrichtungen, Kindergärten und Schulen sowie auf einem Drittel der Fläche Handel und Hotels. Schon lange dümpeln hier Segeljachten und zu Discos umfunktionierte Kähne an den Kaimauern. Mit großem Jachthafen, Spazier- und Radwegen rund um die große Wasserfläche und dem 2019 eröffneten **Musée de la Mer et de la Marine** (s. S. 59) soll auch der Freizeitwert des Viertels noch steigen.

Die **Base sous-marine** wird wurde im Zweiten Weltkrieg von den deutschen Besatzern als Stützpunkt für U-Boote gebaut. Die Stadt nutze diesen ungewöhnlichen Ort bereits für Theateraufführungen, Ausstellungen und Konzerte, bevor 2020 mit den **Bassins des Lumières** (s. S. 44) eine spektakuläre digitale Kunstshow einzog.

Die Base sous-marine (s. S. 8) wurde im Zweiten Weltkrieg für U-Boote gebaut

PRAKTISCHE REISETIPPS

057bd-gk

An- und Rückreise

Bürger aus Deutschland, Österreich und der Schweiz benötigen zur Einreise nach Frankreich einen gültigen Reisepass oder Personalausweis. Wegen der Terrorbedrohung finden aus Sicherheitsgründen **stichprobenartige Ausweis- und Gepäckkontrollen** statt *(Plan Vigipirate)*.

Kinder benötigen eigene Reisedokumente, alleinreisende Minderjährige brauchen zusätzlich eine Genehmigung der Eltern (das notwendige Formular gibt es beim Einwohnermeldeamt). Reisen Kinder nur mit einem Elternteil, ist in vielen Ländern bei der Einreise eine Einverständniserklärung des anderen Elternteils erforderlich. Detailinfos siehe Website des Auswärtigen Amtes.

Mit dem Flugzeug

Noch wechseln die internationalen Flugverbindungen von und zum Flughafen von Bordeaux recht häufig. Stand bei Redaktionsschluss: Preiswert nach Bordeaux gelangt man von **Hamburg, Düsseldorf und Stuttgart** mit der Billigfluglinie Volotea, von **Berlin** mit easyjet und von **Frankfurt** mit der Lufthansa. Man muss allerdings schon frühzeitig buchen.

Von **Zürich** bietet Swiss Direktflüge nach Bordeaux an, von **Genf** und **Basel-Mühlhausen** easyjet.

Die **Flugzeit** beträgt ab Düsseldorf ca. 2 Stunden, ab Berlin ca 2½ Stunden. Allerdings bedienen fast alle Airlines die Strecke in der Regel nur **von April bis Oktober** etwa zweimal wöchentlich. Im **Winterhalbjahr** gibt es kaum Direktflüge nach Bordeaux. Flüge mit Zwischenstopp in Paris sind vom Zeitaufwand her nicht anzuraten, die schnellen TGV-Verbindungen nach Bordeaux sind da durchaus empfehlenswerter.

Bei den regelmäßigen Sonderaktionen kann man mit etwas Glück auch in der Hauptsaison günstige Tarife buchen. Man sollte bei der Reservierung aber sorgfältig prüfen, ob der Flugpreis auch Gepäck und Platzreservierung enthält oder dies zusätzlich berechnet wird. Wer als Termin ein Feiertagswochenende anvisiert, findet jedoch auch bei den Billig-Airlines höhere Preise vor.

Der Flughafen Bordeaux-Mérignac liegt 12 km westlich der Stadt.

•**136 Aéroport de Bordeaux (BOD)**, Av. J. F. Kennedy, 33700 Mérignac, Tel. 0556345000, www.bordeaux.aeroport.fr

Vom Flughafen in die Stadt

Der Shuttlebus **Navette 30'Direct** verkehrt etwa einmal stündlich zwischen Bahnhof Bordeaux Saint-Jean (s. S. 110) und Flughafen. Die Fahrtzeit beträgt 30 Minuten, Tickets sind im Bus erhältlich.

› ab Bahnhof: April–Okt. Mo.–Fr. 5.30–19.15, Sa. 7–18.25, So. 7.40–19.55 Uhr, im Winter seltener, ab Flughafen (Ausgang 11): April–Okt. Mo.–Fr. 7.10–20, Sa. 8.10–19.15, So. 20.40 Uhr, im Winter seltener, Ticket 8 €, (ermäßigt 7 €), https://30direct.com

Die **Tram A** fährt über den Stadtteil Mériadeck in die Innenstadt von Bordeaux. Umsteigemöglichkeit in andere Tramlinien hat man an den Haltestellen Hôtel de Ville und Porte de Bourgogne. Die Fahrtzeit beträgt 35 bis 40 Minuten. Die Tram verkehrt

◁ Vorseite: Die Pont Chaban-Delmas [df/g] kann für die Durchfahrt von Kreuzfahrtschiffen hochgezogen werden

von etwa 5 bis 23.45 Uhr (Do.–Sa. bis 1.15 Uhr) alle 10 bis 20 Minuten, Sa. alle 15 bis 30 Minuten, So. alle 20 bis 40 Minuten, www.infotbm.com/fr/itineraires.

› Ticket 1,80 € (siehe Tickets im öffentlichen Nahverkehr, s. S. 129)

Am Flughafen findet man vor dem Terminal leicht ein Taxi (s. S. 129). Die Fahrt kostet etwa 35 € (zum Nacht- oder Sonntagstarif 50 €) und dauert je nach Verkehrslage etwa 30 Minuten. Der Preis sollte mit dem Fahrer möglichst vorab vereinbart werden.

Mit dem Auto

Via Paris führt die A10 nach Bordeaux, **via Lyon** die A89. Autobahnen in Frankreich sind – bis auf wenige kurze Strecken im Bereich mancher Großstädte – gebührenpflichtig. An den **Mautstellen** *(péage)* erhält man ein Ticket, das bei der Ausfahrt abgerechnet wird. Die Tarife sind je nach Entfernung und Fahrzeug (Lkw, Pkw, Wohnmobil oder Motorrad) gestaffelt und in bar oder mit Kreditkarte zahlbar (www.autoroutes.fr).

› **Entfernungen:** Berlin–Bordeaux 1650 km, Hamburg–Bordeaux 1500 km, Köln–Bordeaux 1080 km, München–Bordeaux 1300 km, Wien–Bordeaux 1740 km, Zürich–Bordeaux 950 km

Die **Höchstgeschwindigkeit** auf französischen Autobahnen beträgt 130 km/h. Auf vierspurigen Nationalstraßen darf man 110 km/h fahren, auf Landstraßen 80 km/h (bei Nässe 110, 100 bzw. 80 km/h) und innerhalb der Ortschaften beträgt das Tempolimit 50 km/h. Ist der Führerschein noch keine zwei Jahre alt, sind auf Autobahnen max. 110 km/h erlaubt.

In Frankreich besteht **Gurtpflicht.** Die **Promillegrenze** beträgt 0,5 ‰. Während des Fahrens darf nur mit **Freisprechanlagen** telefoniert werden. Eine reflektierende **Warnweste** und **Warndreieck** müssen mitgeführt werden. **Motorradfahrer** müssen einen Schutzhelm tragen und auch am Tag mit Abblendlicht fahren.

Bei der Anreise mit dem eigenen Wagen ist ein **Nationalitätskennzeichen** am Wagen erforderlich, auch wenn das Nummernschild bereits die EU-Plakette enthält. Nützlich, aber nicht vorgeschrieben, sind die **grüne Versicherungskarte** und eine **Auslandsschutzversicherung.**

Grundsätzlich ist von der Anreise mit dem eigenen Wagen eher abzuraten, es sei denn, man plant im Anschluss an den Bordeaux-Besuch noch einen längeren Aufenthalt in der Region. Vor Ort kommt man jedenfalls ohne eigenes Auto bestens zurecht.

Mit dem Zug

Bei der Anreise aus Deutschland, Österreich und der Schweiz muss man mit dem Zug zunächst nach **Paris.** Die Züge aus Nord- und Westdeutschland kommen am Gare du Nord an, die Züge aus Süddeutschland, Österreich und der Schweiz am Gare de l'Est oder Gare de Lyon.

Per Métro oder Taxi muss man die Stadt für die Weiterreise ab **Gare de Montparnasse** durchqueren. Dafür sollte ausreichend Zeit (mindestens 1 Stunde plus Puffer für eventuelle Verspätungen) eingeplant werden. Von dort erreicht man mit dem **TGV Atlantique** in zwei Stunden und vier Minuten den Bahnhof **Bordeaux Saint-Jean.**

Für den TGV ist eine Platzreservierung obligatorisch. Bucht man on-

058bd-gk

line und zeitlich weit im Voraus, kann man von Sparpreisen oder Ländertickets profitieren. Die Fahrpreise für die TGVs richten sich nach Nachfrage und Buchungszeitpunkt und können daher je nach Auslastung sehr unterschiedlich ausfallen.

Von **Straßburg** aus gibt es mehrmals täglich direkte Verbindungen nach Bordeaux, bei denen man nicht in Paris umsteigen muss (Fahrtzeit 5–5½ Std.).

› **Auskunft und Buchung:** Tel. 0180 6996633, www.bahn.de

•137 [di] **Gare Saint-Jean,** Rue Charles Domercq, www.gares-sncf.com, www.sncf-connect.com, Tram C: Gare Saint-Jean

Mit dem Bus

Fernbusse fahren von größeren Städten wie Frankfurt, Stuttgart, München und Zürich nach Bordeaux, allerdings muss mit Fahrtzeiten von rund zwanzig Stunden und einem Umsteige-Aufenthalt in Paris gerechnet werden.

› Infos zu Anbietern unter www.buslinien suche.de

⌃ *Der Gare Saint-Jean mit seiner historischen Fassade*

› *Hübscher Scherz an einem Parkhaus im Zentrum*

Autofahren

Bordeaux ist kein Ziel für Autofahrer, schließlich setzt die Stadt alles daran, nachhaltige Verkehrslösungen zu unterstützen. Außerdem gilt auch hier die 2016 in ganz Frankreich eingeführte Feinstaubplakette **Crit'Air** mit den dazugehörigen Umweltzonen. Informationen dazu unter:

- https://de.france.fr/de/nuetzliche-tipps/umweltzonen-frankreich
- Erhältlich ist die Vignette für ausländische Fahrzeuge über die Website www.certificat-air.gouv.fr.

Wer trotzdem mit dem eigenen Wagen anreist, möglicherweise weil er noch einen Urlaub in der Region plant, findet zentral gelegene **Parkplätze** seitlich der Esplanade des Quinconces (können online reserviert werden) und eine Tiefgarage unter den Allées de Tourny (und viele weitere auf www.evous.fr). Als Alternative bietet sich an, das Auto am rechten Garonne-Ufer abzustellen – über den Pont de Pierre ist es nicht weit bis in die Altstadt.

Untersagt ist das Parken an **gelb markierten Fahrbahnrändern.** Hotels stellen nur selten (kostenpflichtig) eigene Parkplätze zur Verfügung, sie verweisen meist auf benachbarte Parkhäuser.

P138 [D3] **Parking Allées de Chartres,** unter freiem Himmel an den Alleen an der Esplanade des Quinconces, bis 2 Std. 80 Cent pro Viertelstunde, danach 60 Cent, Tagesticket 20 €, Nachttarif (20–7 Uhr) 6 €, www.mtpk.fr/parkings/parking-allees-de-chartres

P139 [C4] **Parking Q-Park Bordeaux-Clemenceau,** 13bis cours Georges Clemenceau, tägl. 24 Std. geöffnet, 1 Std. 3,20 €, 24 Std. 35 € nach vorheriger Online-Reservierung, www.q-park-resa.fr

P140 [C4] **Parking Tourny,** Allées de Tourny, tägl. 24 Std. geöffnet, pro Stunde 3,30 €, 3 Std. 8,60 €, 12 Std. 22,10 €, www.onepark.fr

Das **Tanken** ist an den Zapfsäulen von Supermärkten am günstigsten. Als Kraftstoffe gibt es bleifreies Superbenzin (sans plomb 95 und sans plomb 98), Diesel (gazole oder gasoil), Biokraftstoff (SP95 E10) und Gas (GPL).

Alle großen Verleihfirmen für **Mietwagen** findet man hinter dem Bahn-

059bd-gk

hof Saint-Jean (s. S. 110) und am Flughafen (s. S. 128). Die Mietwagenfirmen im Bahnhof findet man in Hall 3 (Belcier), Niveau -1. Sie unterscheiden sich in den Konditionen nur geringfügig. Mieter müssen mindestens 21 Jahre alt sein und den Führerschein schon länger als ein Jahr besitzen.

Barrierefreies Reisen

Bei einer Anreise mit dem Flugzeug oder dem Zug ist es sinnvoll, sich mindestens 48 Stunden vorher **anzumelden**, um Unterstützung zu erhalten und den Rollstuhl als Gepäck aufzugeben.

Auf den Empfang von Gästen mit Behinderungen aller Art haben sich bislang nur wenige Hotels, Restaurants, Weinbars und Museen in Bordeaux eingestellt – das Angebot ist nach wie vor recht übersichtlich. Das **Office de Tourisme** (s. S. 114) stellt eine **Broschüre** für Reisende mit Behinderung und einen **Guide mit drei Rundgängen** als Download zur Verfügung (Guide Tourisme & Handicap, www.bordeaux-tourisme.com/bordeaux-accessible, nur auf Französisch). Die Broschüre führt neben barrierefreien Unterkünften, Restaurants und kulturellen Einrichtungen auch öffentliche WCs und Parkplätze für Rollstuhlfahrer auf. Informationen gibt es vor Ort teilweise auch in Braille-Schrift.

Die **Tram** ist für Rollstuhlfahrer nutzbar. Zusätzlich betreibt die TBM den **Mobibus** für Fahrgäste mit Behinderung (Infos Tel. 0556166166, Ticket 3 €). Die Tram-Haltestellen wurden mit Markierungen für Blinde und Sehbehinderte ausgestattet. Durchsagen informieren über den nächsten Halt, für Schwerhörige sind die entsprechenden Leuchtanzeigen gedacht.

Umfassende Infos für Reisende mit Behinderung bietet die Website der **Stadt Bordeaux** (www.bordeaux.fr/p64012/personnes-handicapees), allerdings nur auf Französisch. Außer den Hinweisen zu öffentlichen Verkehrsmitteln finden sich eine interaktive Karte mit Hotels, Restaurants und Sehenswürdigkeiten und der schon genannte Flyer mit drei Vorschlägen für Stadttouren zum Download.

Übrigens: Wem die drei **Stadtreliefs** aus Bronze von Bildhauer François Didier auffallen, die auf der Place Jean Moulin [C5], der Place de la Comédie [D4] und der Place du Palais [E5] stehen – sie sollen auch Blinden und Sehbehinderten durch Ertasten einen Eindruck von der Stadt vermitteln.

Diplomatische Vertretungen

- •**141** [ag] **Deutsches Generalkonsulat,** 35 cours de Verdun, 33000 Bordeaux, Tel. 0033 (0)556171222, https://allemagneenfrance.diplo.de, Mo.–Do. 8.30–11.30 und 13–14.30, Fr. 8.30–12 Uhr, Tram C: Paul Doumer
- •**142** [cg] **Honorarkonsulat von Österreich,** 88 quai de Bacalan, 33300 Bordeaux, Tel. 0033 (0)556000070, www.bmeia.gv.at, Mo.–Fr. 9–12 und 14–17 Uhr, Tram B: La Cité du Vin
- •**143** [dh] **Schweizer Konsulat,** 22 rue Le Chapelier, 33000 Bordeaux, Tel. 0033 (0)950414095, internationale Helpline Tel. 0041 800247365 (tägl. rund um die Uhr), www.eda.admin.ch, Tram D: Croix de Seguey

Geldfragen

Das **Preisniveau** in Bordeaux entspricht in etwa dem anderer westeuropäischer Großstädte. Mit der **Debitkarte** (in Deutschland auch als **Girocard** bekannt) kann man rund um die Uhr an entsprechend gekennzeichneten Bankautomaten Geld abheben und bargeldlos Einkäufe in den Geschäften und die Rechnung im Restaurant bezahlen. Auch Hotels, Tankstellen, Autobahnmautstellen, Supermärkte und Auto- bzw. Radverleihe akzeptieren die gängigen Karten. Ob Kosten für die Barabhebung am Automaten entstehen, hängt ab von den Konditionen der Hausbank und denen der Bank, bei der abgehoben wird.

Es kann jedoch vorkommen, dass Geldautomatenbetreiber im jeweiligen Land zusätzliche Gebühren erheben. Die Höhe der Kosten muss am Automaten vor der Bestätigung der Abhebung angezeigt werden. Debitkarten mit Maestro-Funktion sind noch bis zu ihrem Laufzeitende gültig, werden aber seit Juli 2023 sukzessive gegen sogenannte Mastercard-Debit-Karten ausgetauscht, mit denen man ebenfalls im Ausland zahlen und Geld abheben kann. **Kreditkarten** sind ebenfalls ein gängiges Zahlungsmittel. In jedem Fall sollte man sich im Vorfeld informieren, ob unter Umständen für Auslandszahlungen Gebühren anfallen.

Bordeaux preiswert

Günstiger als die **Busfahrt vom oder zum Flughafen** mit dem Shuttlebus Navette directe ab/bis Hauptbahnhof ist die Tram. (s. S. 128).

Unter dem Titel „Apéro-Concert" veranstaltet das Grand Théâtre 15 gelegentlich um 18 Uhr **Konzerte** von einer Dreiviertelstunde Dauer mit recht preiswerten Tickets (10 €, bis 26 Jahre 1 €). Die Bandbreite reicht von Kammer- über Chormusik bis zu Jazz.

Im **Thelonious** (s. S. 78) ist der Eintritt für die dort veranstalteten Konzerte von Blues über Flamenco bis zu Swing recht günstig, dafür wird erwartet, dass man im Lokal etwas konsumiert.

Freien Eintritt gewähren das Musée d'Aquitaine 6, das CAPC 20, das Musée des Arts Décoratifs et du Design 12, das Musée des Beaux-Arts 11, das Musée National des Douanes 2 und die Gewächshäuser im Jardin Botanique 32 am ersten Sonntag im Monat (außer im Juli und August) und generell für Kinder und Jugendliche unter 18 Jahren sowie für Schwerbehinderte und ihre Begleitung.

Mit dem Pauschalangebot des **Bordeaux Métropole City Pass** (s. S. 129) kann man den öffentlichen Nahverkehr kostenlos nutzen, gratis an einer Führung des Tourismusbüros teilnehmen, die Museen besuchen. Ob sich die Anschaffung lohnt, kommt darauf an, wie die individuelle Planung aussieht.

Mitte Juli bis Mitte August wird direkt **am Garonne-Ufer getanzt.** Von morgens 11 Uhr bis um Mitternacht kann jeder mittanzen, der Freude daran hat und es schon kann oder noch lernen möchte. Abends stehen die **„Soirées dansantes"** unter einem musikalischen Thema von Latin bis Swing.

Meine Literaturtipps

- Die berühmten **Essais** von Michel de Montaigne (1533–1592), Schriftsteller, Jurist, Philosoph, Bürgermeister von Bordeaux und Begründer der Essayistik, behandeln eine Vielfalt an Themen. In leicht verständlicher Sprache steht Allgemeines neben Privatem, Kurioses neben Alltäglichem. Montaignes fragende Haltung gegenüber den Phänomenen der Welt und seine Klugheit haben diese vor über 400 Jahren verfassten „Versuche" bis heute lebendig gehalten. Eine Auswahl ist in der Übersetzung von Hans Stilett unter dem Titel „Von der Kunst, das Leben zu lieben" als Band der Anderen Bibliothek erhältlich.
- Gabriele Kalmbach, **Französisch – Wort für Wort** und **Französisch kulinarisch – Wort für Wort,** Reise Know-How Verlag. Die Sprachhilfen aus der Reihe Kauderwelsch machen es Besuchern leicht, sich vor Ort zu verständigen.
- François-Régis Gaudry, **Die Gourmet-Bibel Frankreich,** Christian Verlag. Ein umfangreicher, toll illustrierter Wälzer über Frankreichs Küche und regionale Spezialitäten.
- Ralf Frenzel, **Bordeaux – Legendäre Châteaux und ihre Weine,** teNeues. Ein Bildband über die Weine der Region.
- Régine Pernoud, **Königin der Troubadoure: Eleonore von Aquitanien,** dtv. Eine Biografie der schönen, klugen und politisch einflussreichen Herzogin.
- Alexander Oetker, **Retour,** Hoffmann & Campe. Kommissar Luc Verlain wird von Paris nach Bordeaux versetzt und ermittelt nun in seiner Heimat Aquitaine (nach diesem Debütband inzwischen schon in mehreren Fällen). Der Journalist Alexander Oetker schreibt unter eigenem Namen und mehreren Pseudonymen Krimis gleich in Serie.

Informationsquellen

Infostellen zu Hause

Der französische Tourismusverband, der sich um die Vermarktung Frankreichs als Reisedestination kümmert, vermittelt Informationen über Unterkünfte, Städtereisen, Ausstellungen, Theater und vieles mehr. Man kann diese Infos nur noch online finden, für die Öffentlichkeit zugängliche Büros gibt es inzwischen nicht mehr.

- **Deutschland:** Postfach 100128, 60001 Frankfurt, https://de.france.fr
- **Österreich:** https://at.france.fr
- **Schweiz:** https://ch.france.fr

Infostellen in der Stadt

ℹ144 [D4] **Office de Tourisme,** 12 cours du 30 Juillet, Tram B, C, D: Quinconces, Tel. 0033 (0)556006600, www.bordeaux-tourisme.com, Mo.–Sa. 9–18.30, So. 9.30–17 Uhr. Die Touristeninformation informiert über Sehenswürdigkeiten und Ausflugsziele, vermittelt Unterkünfte und bietet Stadtführungen zu Fuß, per Rad, Segway oder mit dem Bus sowie rund zwei Dutzend verschiedene Ausflüge in die Weinregionen rund um Bordeaux an. Sowohl die Broschüren als auch die Website enthalten auch Informationen in deutscher Sprache.

Bordeaux im Internet

- **www.france.fr:** Die offizielle Tourismus-Information Frankreichs stellt alle Regionen vor, ermöglicht aber auch die gezielte Abfrage von Informationen je nach Interesse.
- **www.nouvelle-aquitaine-tourisme.com:** einige Basis-Reiseinformationen (auch auf Deutsch) zu Städten und Routen, Wein und Aktivitäten in der Region, Gastbeiträge von Bloggern und viele schöne Bilder.
- **www.bordeaux-tourisme.com:** Umfassende Informationen zu Sehenswertem und Aktivitäten in Bordeaux werden hier geboten, allerdings ist die deutschsprachige Fassung nicht ganz so komplett wie die französische.
- **www.bordeauxwinetrip.com:** Das Weinportal stellt die Anbaugebiete rund um Bordeaux vor, nennt Adressen für Verkostungen und Einkauf, Restaurants und Unterkünfte, außerdem Touristen-Informationen, frei zugängliche WLAN-Punkte, Sehenswürdigkeiten rund um den Wein und Termine von Festivals und Festen.
- **www.bordeaux.fr:** Die offizielle Website der Stadt bietet Informationen (nur auf Französisch), die auch für Besucher interessant sind, von Infos zu Märkten und Veranstaltungen über Öffnungszeiten von Schwimmbädern bis zu Hinweisen zum Parken und Radfahren sowie auf nützliche Apps und WLAN-Hotspots. Unter www.bordeaux.fr/p124494/culture-tourisme kann man sich darüber informieren, inwieweit Unterkünfte, Restaurants, Sehenswürdigkeiten und andere Einrichtungen für Reisende mit Behinderung zugänglich sind.
- **www.bordeaux.com/de/blog:** Der Conseil Interprofessionel du Vin de Bordeaux (CIVB) vermittelt auf Website und Blog viel Wissenswertes über Weine und das Weinbaugebiet, mit Reisetipps, Rezepten und Videoporträts von Winzern.
- **www.camilleinbordeaux.fr, www.papillesetpupilles.fr, https://chroniquebordelaise.com:** Die jungen Bloggerinnen informieren über ihre Entdeckungen in Bordeaux, von Shopping- über Restaurant- bis zu Ausgehtipps.

Bordeaux-Apps

- **www.bordeaux-tourisme.com/applications-mobiles:** Auf der Website können gleich mehrere kostenlose Apps für Android und iOS heruntergeladen werden, u. a. für den ÖPNV.
- **Bordeaux Wine Trip:** Die App stellt die Weinbaugebiete rund um Bordeaux vor, nennt Adressen für Verkostungen und Weineinkauf, Restaurants und Unterkünfte, außerdem Touristen-Informationen, frei zugängliche WLAN-Hotspots und Sehenswürdigkeiten rund um den Wein sowie Termine von Festivals und Festen. Die Option „Standortbestimmung" zeigt Angebote in der Nähe, außerdem macht die App Vorschläge für eine Reiseroute, wenn der Nutzer einige Fragen beantwortet (auch auf Deutsch, kostenlos für iOS).
- **ADAC Auslandshelfer:** Der ADAC bietet Mitgliedern eine App (kostenlos für Android und iOS) mit Umkreissuche für Ärzte und Krankenhäuser, länderspezifischem Notruf sowie Hilfe bei Panne, Unfall, Diebstahl, Krankheit und Verletzung.
- **V3, le vélo libre service TBM:** Die App (kostenlos für iOS und Android) ermöglicht es, sich für das VCub genannte System der Leihfahrräder anzumelden, den Stadtplan mit den Stationen einzusehen, die Verfügbarkeit von Rädern zu checken und durch berührungslosen NFC-Kontakt mit seinem Smartphone an einer VCub-Säule ein Rad zu leihen.

Internet

In der EU gibt es keine **Roaminggebühren** mehr. Das Telefonieren und Surfen mit dem Handy ist im EU-Ausland so günstig wie zu Hause – es sei denn, man nutzt das Handy im Ausland über einen längeren Zeitraum hinweg, dann können je nach Anbieter Nutzungsobergrenzen gelten. Falls das Mobiltelefon SIM-lockfrei ist (keine Sperrung anderer Provider vorhanden) und man viele Telefonate innerhalb von Bordeaux führen möchte, kann man sich eine örtliche **Prepaid-SIM-Karte** besorgen.

In den Shops der französischen Telefonanbieter (wie Orange, SFR, Bouygues) oder im Supermarkt kann man einen **Prepaid-Surfstick** für Smartphone oder Laptop kaufen, den man ohne Vertragsbindung *(sans engagement)* während des Urlaubs nutzen kann. Dazu benötigt man ein Guthaben *(forfait)*, das für eine Stunde, einen Tag oder eine Woche erhältlich ist.

› **www.bordeaux.fr** (Menü: Pratique/Cité digitale)

Praktisch jedes Hotel in Bordeaux stellt seinen Gästen einen WLAN-Zugang zur Verfügung. Auch einige Fast-Food-Restaurants und Cafés bieten kostenloses WLAN *(WiFi gratuit)* an.

LGBT+

Treffs für Schwule sind die Bars Buster und Coco Loko. Speziell an ein lesbisches Publikum richtet sich das recht abgelegen im Stadtteil Bègles befindliche LS Café.

145 [C6] **Buster,** 34 rue de Cursol, www.facebook.com/CodebarBordeaux, Mi./Do. 22–2, Fr.–So. 21–2 Uhr, Tram B: Musée d'Aquitaine

146 [C6] **Coco Loko,** 3 rue Dufour-Dubergier, tägl. 20–2 Uhr, Tram B: Musée d'Aquitaine

147 [dj] **LS Café,** 297 bd. Alber 1er, Fr./Sa 21.30–2 Uhr, Bus 26: Curie oder Cité Numérique

„Gay friendly" Unterkünfte sind das preiswerte Hotel **Bleu de Mer** (s. S. 125), die stilvollen Gästezimmer im Mama Shelter (s. S. 126), das Hôtel de la Presse (s. S. 126) und das Hostel Eklo (s. S. 125).

060bd-gk

Auffällig markierter Gratis-Hotspot

Medizinische Versorgung

Die gesetzlichen Krankenkassen Deutschlands, Österreichs und der Schweiz garantieren eine Behandlung in Frankreich auch im akuten Krankheitsfall, wenn die medizinische Versorgung nicht bis nach der Rückkehr ins Heimatland warten kann. Als Anspruchsnachweis benötigt man die **Europäische Krankenversicherungskarte,** die man auf der Rückseite der elektronischen Gesundheitskarte findet. Ein Merkblatt für Auslandsaufenthalte ist bei jeder Krankenkasse erhältlich.

Zusätzlich ist der Abschluss einer **privaten Reisekrankenversicherung** zu empfehlen. Diese sollte eine zuverlässige Reiserücktransportversicherung enthalten, denn der Krankenrücktransport wird von den gesetzlichen Krankenkassen nicht übernommen. Bei der Wahl der Reisekrankenversicherung sollte man typische Leistungsunterschiede in den Bereichen Rücktransport, Selbstbeteiligung, Nachleistungsfrist, Altersgrenze und bei chronischen Krankheiten prüfen. Zur **Erstattung der Kosten** benötigt man grundsätzlich **Quittungen** mit Datum, Namen, Bericht über Art und Umfang der Behandlung, Kosten der Behandlung und Medikamente *(feuille des soins).*

Deutschsprachige Ärzte:

148 [ai] **Centre Hospitalier Universitaire (CHU de Bordeaux),** Place Amélie Raba-Léon, Dr. Christina Prouve (Notärztin, Tel. 0616992995, Hôpital Pellegrin), Dr. Julia Pauls-Barsanti (Kinderärztin, Tel. 0658583807, Hôpital des enfants).

149 [dh] **Dr. Hermann Neuffer,** 312 av. Thiers, in der Gemeinschaftspraxis Pôle Santé Bastide, Tel. 0556202025. Allgemeinmediziner, Sprechstunde nach Vereinbarung.

› **Dr. Christine Paillé-Neuffer,** in der Gemeinschaftspraxis Pôle Santé Bastide (s. links), Tel. 0556202025, Mo., Di., Do., Fr. 8.40–12 und 14–18 Uhr. Zahnärztin.

150 [ag] **Dr. Patricia Sturm,** 8 rue Gabriel Leglise, Tel. 0556217205, Gynäkologin.

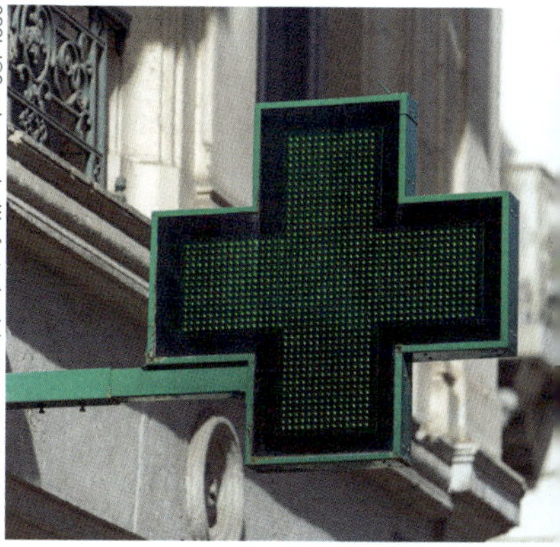

082bd ©Sander van der Werf, stock.adobe.com

Grün leuchtende Kreuze zeigen Apotheken an

Weitere Adressen von deutschsprachigen Ärzten vermitteln die diplomatischen Vertretungen (s. S. 112).

Apotheken *(pharmacie)* erkennt man in Frankreich an einem grünen Neonlichtkreuz. Viele Apotheken haben Mo. bis Fr. von 8/9 bis 20 Uhr und Sa. bis 18 Uhr geöffnet. Hinweise auf Nacht- und Notdienste finden sich als Aushang an den Apotheken, in der Lokalpresse und unter www.sosmedecins-bordeaux.com/pharmacies.

151 [ci] **Pharmacie des Capucins,** 30 place des Capucins, Tel. 0556916266, https://pharmacie-capucins.mesoigner.fr, Tram B: Victoire, täglich rund um die Uhr geöffnet

Mit Kindern unterwegs

Bordeaux ist auch für Familien ein angenehmes Reiseziel, weil man sich am Garonne-Ufer und in den weitläufigen Fußgängerbereichen der Altstadt fast ungestört von Autos bewegen kann. Der **Miroir d'Eau** 1 vor der Place de la Bourse kommt bei Klein und Groß zudem gleichermaßen gut an.

Spaß macht es auch, vom **Kirchturm** La Flèche bei **Saint-Michel** 26 oder dem **Tour Pey-Berland** 7 der **Kathedrale Saint-André** 8 die Aussicht zu genießen.

Wer mit kleinen Kindern unterwegs ist, kann den Spielplatz im **Jardin Public** 17 ansteuern oder gemeinsam eine **Bootsfahrt** (s. S. 123) auf der Garonne unternehmen.

In vielen **Restaurants** gibt es preiswerte Menüs für Kinder *(menu enfant)*. Die umfangreichen **Kinderprogramme** von Museen, im Wissenschaftszentrum Cap Sciences 22 oder die **Stadtrallyes** der Touristeninformationen (s. S. 114) werden aber leider meist nur in französischer Sprache angeboten.

Notfälle

Notrufnummern

- **europaweiter Notruf (Polizei, Feuerwehr, Notarzt):** Tel. 112
- **SAMU (Rettungsdienst):** Tel. 15
- **Polizei:** Tel. 17
- **Feuerwehr:** Tel. 18
- **SOS Médecins Bordeaux (Ärztlicher Notdienst):** Tel. 0556487559, www.sosmedecins-bordeaux.com
- **ADAC-Notruf im Ausland (deutschsprachig):** Tel. 0049 89222222
- Unter Tel. 0049 89767676 bekommt man Hinweise, wo man im Urlaubsort einen Deutsch sprechenden Arzt findet. Die Liste kann man auch vorab anfordern.

Beliebt bei Kindern: die Schildkröten auf der Place de la Victoire 29

061bd-gk

Polizei

In Frankreich gibt es die **Gendarmerie Nationale,** die für den Verkehr im ländlichen Raum zuständig ist, die **Police Nationale,** die in den Städten für Ordnung sorgt und die auch für Touristen zuständige **Police Municipale.** Die rund um die Uhr geöffnete Hauptstelle (Hôtel de police) hat eigens eine Opferhilfe *(Service d'aide aux victimes)* eingerichtet.

- 152 [A6] **Hôtel de police,** 23 rue François de Sourdis, Tel. 0557857777, rund um die Uhr geöffnet, Tram A: Palais de Justice
- 153 [E7] **Poste de police Capucins,** 21 rue Marbotin, Tel. 0540121521, Mo.–Mi., Fr. 9–12.30 und 14–18.30 Uhr, Do. 9.30–12.30 und 14–18.30 Uhr, Tram B: Victoire

Fundbüro

Es gibt ein Fundbüro *(objets trouvés)* im Abflugbereich des **Flughafens** (Tel. 0556345000, www.bordeaux.aeroport.fr/formalites-assistance/objets-trouves, tägl. 6–22 Uhr). Für Gepäck, das im Flugzeug liegen geblieben ist, muss man sich allerdings an die jeweilige Fluggesellschaft wenden.

Auch in der Stadt existiert ein Fundbüro:

- 154 [B4] **Objets trouvés Bordeaux (Fundbüro),** 6 place Rohan, Mo.–Fr. 9–17 Uhr, Tram A, B: Hôtel de Ville

Kartenverlust

Bei **Verlust der Debit-/Giro-, Kredit- oder SIM-Karte** gibt es für Kartensperrungen eine **deutsche Zentralnummer** (unbedingt vor der Reise klären, ob die eigene Bank bzw. der jeweilige Mobilfunkanbieter diesem Notrufsystem angeschlossen ist). **Aber Achtung:** Mit der telefonischen Sperrung sind die Bezahlkarten zwar für die Bezahlung/Geldabhebung mit der PIN gesperrt, nicht jedoch für das **Lastschriftverfahren mit Unterschrift.** Man sollte daher auf jeden Fall den Verlust zusätzlich **bei der Polizei zur Anzeige bringen,** um gegebenenfalls auftretende Ansprüche zurückweisen zu können.

In **Österreich** und der **Schweiz** gibt es keine zentrale Sperrnummer, daher sollten sich Besitzer von in diesen Ländern ausgestellten Debit- oder Kreditkarten vor der Abreise bei ihrem Kreditinstitut über den zuständigen Sperrnotruf informieren.

Generell sollte man sich immer die **wichtigsten Daten** wie Kartennummer und Ausstellungsdatum **separat notieren,** da diese unter Umständen abgefragt werden.

- **Deutscher Sperrnotruf:** Tel. +49 116116 oder Tel. +49 3040504050
- **Weitere Infos:** www.kartensicherheit.de, www.sperr-notruf.de

Pannenhilfe

Bei einer Panne oder einem Unfall auf der Autobahn kann man über die SOS-Notrufsäulen Kontakt mit der Gendarmerie oder der Pannenhilfe aufnehmen. Ist man mit dem eigenen Fahrzeug unterwegs, ist der Schutzbrief eines Automobilclubs eine Überlegung wert. Die wichtigsten Automobilclubs und ihre 24-Stunden-Notrufnummern für Pannen- und Unfallhilfe im Ausland:

- **ADAC,** www.adac.de, Notruf-Tel. 0049 89222222
- **ÖAMTC,** www.oeamtc.at, Notruf-Tel. 0043 1 2512000
- **TCS,** www.tcs.ch, Notruf-Tel. 0041 22 4172220

Öffnungszeiten

Im Allgemeinen haben die **Geschäfte** montags bis samstags von 10 bis 19 Uhr geöffnet. **Supermärkte** und **Kaufhäuser** schließen meist sogar später, oft erst um 20 Uhr.

Kleinere Läden schließen häufig über Mittag und für zwei bis drei Wochen im August.

Wochenmärkte in den Vierteln finden meist an einem der Wochentage zwischen 7 und 13 Uhr statt, der Marché des Capucins 28 ist von Di. bis So. zwischen 6 und 14 Uhr geöffnet.

Bäckereien haben vereinzelt auch sonntags geöffnet, diese sind dafür oft montags geschlossen. Viele **Restaurants** haben sonntags Ruhetag, **Museen** meist am Montag.

Banken sind in der Regel von montags bis freitags zwischen 9/9.30 und 12 sowie zwischen 14 und 16/16.30 Uhr geöffnet. An den Geldautomaten lässt sich das Bedienungsmenü vielfach auch auf Deutsch aufrufen.

Post

Briefmarken *(timbres)* sind nicht nur in der Post, sondern auch in Tabakläden *(bureau de tabac)* erhältlich. Das fällige **Porto** hängt von Gewicht und Größe der Postsendung ab. Postkarten und Briefe ins europäische Ausland bis 20 Gramm müssen mit 1,80 €, bis 100 Gramm mit 3,70 € frankiert werden.

✉**155** [C3] **La Poste,** 29 allées de Tourny, Tram B, C, D: Quinconces, Mo.–Fr. 9–18 Uhr, Sa. 9–12 Uhr

Radfahren

Über das **V3** genannte Verleihsystem mit 186 Stationen stehen für Einwohner und Besucher rund 2000 Fahrräder und E-Bikes zur Verfügung. Anmelden kann man sich für 24 Stunden (1,70 € Grundgebühr), sieben Tage (7,70 € Grundgebühr) oder einen Monat (11 € Grundgebühr) entweder online, telefonisch, an einer

062bd-gk

V3-Station oder einem Kiosk der TBM (s. S. 129). Man benötigt zur Bezahlung eine Kreditkarte, mit der auch ein Sicherheitspfand von 200 € hinterlegt wird (fällig bei Beschädigung oder Diebstahl des Fahrrads). Man gibt eine Telefonnummer oder eine Mailadresse an und erhält einen Zugangscode.

Von da ab kann man für den gebuchten Zeitraum mit dem Code an jeder Station ein Rad ausleihen und an jeder beliebigen anderen zurückgeben. Die ersten 30 Minuten sind kostenlos, jede weitere Stunde kostet 2 € Miete (1 € bei Monatsabo).

› www.infotbm.com

Bei den folgenden zwei traditionellen Fahrradverleihen lassen sich Räder für Halb- und Ganztagestouren mieten (10 €, 15 €, Wochenende 20 €), bei Cool Bike auch Vespas und Mountainbikes (VTT):

S156 [E1] **Cool Bike,** 77 quai des Chartrons, Tel. 0533481386, geöffnet: Di.–So. 11–20 Uhr, Tram B: Chartrons, https://cool-bike.fr

› **Esprit Cycles,** 27 rue Dr Nancel Penard, Tel. 0556587834, www.espritcyclesbordeaux.com

Als schöne **Radtour** bietet sich insbesondere die Strecke beiderseits der Garonne an. Wer auf dem Hin- oder Rückweg über die Pont Chaban-Delmas den Fluss überqueren will, tut gut daran, vorab zu schauen, wann die Brücke wegen des Ein- oder Auslaufens von Kreuzfahrtschiffen ein bis eineinhalb Stunden für den Verkehr gesperrt wird.

› www.pont-chaban-delmas.com

◁ *Bordeaux ist eine ausgesprochen fahrradfreundliche Stadt*

Sicherheit

Gelegenheit macht **Diebe**, das gilt auch in Bordeaux. Ansonsten hat die Stadt nicht den Ruf, dass man als Besucher permanent auf der Hut sein müsste. Doch im dichten Gedränge auf dem Markt oder in der Einkaufsstraße sollte man ein Auge auf seine Taschen oder den Rucksack haben.

Abends und nachts sind das Ausgehviertel am **Quai de Paludate** und die **Bahnhofsgegend** allerdings keine Ziele, zu denen sich frau allein aufmachen sollte.

› Polizeidienststellen s. S. 119

Sprache

Viele Franzosen in Bordeaux sprechen **Englisch** und/oder **Spanisch,** doch für einen mehr als höflichfreundlichen Empfang hilft es überall, die Landessprache zu beherrschen. Wer ein paar Worte **Französisch** spricht, dem wird in der Regel freundlicher und zuvorkommender begegnet. Eine kleine Sprachhilfe findet sich auf Seite 132.

Deutsch- und Englischkenntnisse kann man vor allem in den Hotels und Restaurants sowie in den Touristeninformationsstellen voraussetzen.

MEIN TIPP

Buchtipp: Französisch Slang – das andere Französisch

Wer die Grenzen seines Schulfranzösisch erweitern und sich im sprachlichen Alltag zurechtfinden will, kommt um diesen Band aus der Reihe Kauderwelsch des Reise Know-How Verlags kaum herum. Die Bandbreite reicht von der Begrüßung über diverse Redesituationen bis zu Beschimpfungen.

Stadttouren

In Kooperation mit Partnern bietet das **Office de Tourisme** (s. S. 114) nicht nur klassische Stadtführungen und Architektur-Rundgänge durch das Weltkulturerbe an, sondern auch Touren für spezielle Interessen, etwa kulinarische Spaziergänge oder eine literarische Spurensuche, Rad- und Segwaytouren sowie Ausflüge in die Umgebung mit oder ohne Weinverkostung (teils auch dt./engl.). Sonderführungen (meist nur frz.) in den Untergrund von Bordeaux oder hinter die Kulissen der Theater, zu Art-déco-Bauten oder zur modernen Architektur finden aber in der Regel maximal einmal im Monat statt.

064bd-gk

Mit dem Rad

Weil das Radfahren in Bordeaux so populär ist, gibt es auch eine ansprechende Auswahl an geführten Touren.

- •157 [F6] **Guidon futé,** 4 rue Maubec, Tel. 0608720195, www.bordeaux-a-velo.com, Halbtagstouren (um 20 km) 35 €, Tagestouren ins Médoc (40 km) 80 € oder nach Saint-Emilion (30 km) 80 €

Wein-Touren und Wine Tastings

Weintouren kann man im Office de Tourisme (s. S. 114), in der Cité du Vin (s. S. 42) und unter folgenden Adressen buchen:

- **A la française,** Tel. 0557300427, www.alafrancaise.fr. Halb- oder ganztägige Exkursionen, auch per Rad, in kleinen Gruppen (Französisch und Englisch) zu Weinzielen und kulinarische Stadtführung Bordeaux.
- **Rustic Wine Tours,** Tel. 0986418883, https://rusticvinestours.com

Mit dem Tuk Tuk

Etwas Besonderes ist eine Stadtrundfahrt mit dem **elektrischen Tuk Tuk.** Mit Chauffeur und Audioguide (wahlweise auf Französisch oder Englisch) lassen sich die Sehenswürdigkeiten und Stadtviertel von Bordeaux so auf praktische wie angenehme Art erleben.

- Tel. 0769869063, www.visiter-bordeaux.com (Suchbegriff: „Tuktuk"), April–Dez. verschiedene Touren, Dauer 1 oder 2 Stunden, 45 € für 1 bis 3 Personen

◁ Auch für Segway-Fans gibt es Stadttouren

056bd-gk

Mit dem Schiff

Was kann im Sommer schöner sein, als Bordeaux vom Wasser aus kennenzulernen?

Mehrere Unternehmen wie Bordeaux River Cruise und Croisières Burdigala bieten Schiffstouren von einer Stunde bis zu Tagesfahrten auf Garonne und Gironde an, teilweise kann man wählen, ob als „Promenade“ (als reine Spazierfahrt) oder kombiniert mit Winzer-Apéro, Abend-Menü oder Weinprobe.

› **Les Bateaux Bordelais,** Tel. 0556392766, https://lesbateauxbordelais.com. Abfahrt am Quai des Chartrons, Tram B: CAPC Musée d'Art Contemporain. Ausflugsziele sind Blaye, Pauillac, die Inseln und andere Ziele im und am Estuaire, der Flussmündung der Garonne.

› **Croisières Burdigala,** Tel. 0556493688, www.croisieresburdigala.fr. Abfahrt am Ponton gegenüber 7 quai des Queyries, Tram A: Stalingrad. Bordeaux-Rundfahrten und Ausflüge nach Blaye und zum Fort Médoc.

Bootsausflüge auf der Gironde führen teils bis in die Weinregion Médoc

Telefonieren

Für Anrufe **nach Frankreich** wählt man die 0033 und die 9-stellige Nummer des Gesprächspartners (ohne die 0 am Anfang). **Innerhalb Frankreichs** wählt man die 10-stellige Nummer, die stets mit einer 0 beginnt (auch bei einem Ortsgespräch). Für Telefonate **von Frankreich** ins Ausland folgt auf die Ländervorwahl die Nummer des Gesprächspartners mit Ortsvorwahl, jedoch ohne 0 der Ortsvorwahl.

Das eigene **Mobiltelefon** lässt sich in Frankreich problemlos nutzen (s. S. 116). Innerhalb der EU gibt es keine **Roaminggebühren** mehr.

Falls das **Handy** verloren geht oder **gestohlen** wird, sollte man die **SIM-Karte** umgehend beim Provider **sperren lassen** (nicht immer kostenfrei!). Dazu muss man in der Regel folgende Angaben machen können, die man sich vorab notieren sollte: Rufnummer, SIM-Kartennummer (auf der SIM vermerkt), Kundennummer und/oder Kundenkennwort und IMEI-Nummer (elektronische Zulassungsnummer), die nach Eingabe des Tastencodes Stern-Raute-Null-Sechs-Raute auf dem Display erscheint. Letztere muss man auch bei der Polizei bei der Diebstahl- oder Verlustmeldung angeben.

Trinkwasser

Das Trinkwasser von Bordeaux gilt als recht kalkhaltig, ist aber bedenkenlos genießbar. Unter https://sante.gouv.fr/sante-et-environnement/eaux/eau findet man für alle Regionen Frankreichs detaillierte Werte. Weil dem Leitungswasser in Frankreich Chlor zugesetzt wird, unterscheidet sich der Geschmack von dem, den man vom heimischen Leitungswasser gewohnt ist.

Vorwahlen

- **Deutschland:** 0049
- **Österreich:** 0043
- **Schweiz:** 0041

Unterkunft

Im Stadtzentrum stehen Besuchern **Mittelklasse-, Boutique- und Konzepthotels** zur Auswahl, die alle Erwartungen an eine atmosphärisch stimmige, aber nicht allzu teure Unterkunft erfüllen. Preiswerte **Hostels** und **Jugendherbergen** haben dagegen Seltenheitswert. Allerdings bietet kaum noch eine Unterkunft Zimmer in nur einer Preislage an – fast alle vermieten sowohl kleinere, einfach ausgestattete Zimmer recht günstig als auch größere und komfortablere entsprechend teuer. Die **Bettensteuer** (Taxe de séjour) in Bordeaux beträgt abhängig von der Hotelkategorie zwischen etwa 80 Cent (1 Stern) bis 4,80 € (luxuriöses Fünfsternehotel) pro Nacht.

Sehr gut ist das Angebot an **Ferienwohnungen**, die Vermittlung höchst professionell – ein Angebot, das in vielen Städten wegen der Zweckentfremdung von Wohnraum umstritten, in Bordeaux aber noch gestattet ist. Steigender Beliebtheit erfreuen sich die **Chambres d'hôtes**, das französische Pendant zum britischen Bed & Breakfast. Solche Gästezimmer gibt es in Bordeaux nicht nur in privaten Unterkünften (www.chambres-hotes.fr), sondern auch als moderne und teils recht schicke Version der Pension – momentan ein echter Boom. In der Regel erhält man dort ein Frühstück, manche Vermieter bieten darüber hinaus (auf Vorbestellung) auch eine *table d'hôte* an, ein Abendessen, das man gemeinsam mit den anderen Gästen einnimmt.

Längst ist die **Onlinebuchung** der Regelfall. Weil Buchungsportale Provisionen abkassieren, ist es durchaus eine Überlegung wert, nach einem

Preisvergleich direkt bei den Hotels zu buchen. Bei einer Onlinereservierung oder für eine E-Mail sind Französischkenntnisse nicht zwingend notwendig. Letztere wird in den meisten Fällen auch in englischer Sprache verstanden.

Attraktiver als das meist karge und dafür oft recht teure **Hotelfrühstück** kann in vielen Fällen ein selbst organisiertes Frühstück in einem Café oder in einer Bäckerei in der Nachbarschaft sein.

› Unter www.bordeaux-tourisme.com findet man rund einhundert nach Preiskategorien geordnete Hotelempfehlungen (frz./engl.).

Preiskategorien

Die angegebenen Kategorien beziehen sich auf ein Doppelzimmer ohne Frühstück.

€	bis 120 €
€€	120–180 €
€€€	ab 180 €

Budget-Unterkünfte

158 [ci] **Auberge de Jeunesse Barbey** €, 22 cours Barbey, Tram C, D: Gare Saint-Jean oder Tauzia oder Bus 11 und 16: Meunier, Tel. 0556330070, www.auberge-jeunesse-bordeaux.com. **Günstig und gesellig:** Die Jugendherberge mit 30 Zimmern liegt unweit des Bahnhofs. Vorhanden sind Schließfächer zur Gepäckaufbewahrung, eine Gemeinschaftsküche für Selbstversorger, Computer mit Internetzugang, Fahrradkeller. In den Zimmern stehen Etagenbetten (10 DZ, 17 Vierbettzimmer, drei Sechsbettzimmer). Bis auf zwei sind alle Zimmer mit Bad, aber ohne WC ausgestattet. Bettwäsche wird gestellt, Handtücher können gegen Gebühr ausgeliehen werden. Reservierung maximal für drei Nächte. Kein Jugendherbergsausweis erforderlich.

159 [D4] **Bleu de Mer** €, 12 rue Saint-Rémi, Tram C, D: Place de la Bourse, Tel. 0556816658, www.hotel-bleudemer.com. **Für den schmalen Geldbeutel:** Das Hotel mit zwanzig einfachen und preisgünstigen Zimmern, zum Teil mit Klimaanlage, befindet sich mitten im historischen Zentrum. Das Saint-Pierre-Viertel ist zum Ausgehen sehr beliebt. Restaurants, Bars, Kneipen und andere Lokale findet man hier gleich vor der Tür.

160 [D5] **Central Hostel** €, Place Saint-Projet, Tel. 0557836163, https://centralhostel.fr, Tram A: Sainte-Catherine. **Simpel und cool:** Das zentral in der Altstadt befindliche Hostel kombiniert Design-Ausstattung in den Gemeinschaftsbereichen mit einfachsten Schlafboxen in den Mehrbetträumen (Dortoirs). Das Restaurant ist rund um die Uhr geöffnet, abends auch Events vom Konzert bis zu Karaoke.

161 [G4] **Eklo** €, 10 rue de la Gare d'Orléans, Tram A: Jardin Botanique, Tel. 0535545254, www.eklohotels.com/bordeaux. **Ökohotel:** Direkt am Botanischen Garten, im Viertel La Bastide, eröffnete eine Budgetunterkunft: halb Hotel, halb Hostel. Neben klassischen Doppel- und Familienzimmern gibt es Studios und Schlafsäle, außerdem Restaurant, Bar und Coworking-Bereich.

162 [D4] **Hôtel du Théâtre** €, 10 rue de la Maison-Daurade, Tram B: Grand Théâtre, Tel. 0556790526, www.hotel-du-theatre.com. **Mitten im Stadtleben:** Die 23 Zimmer des Hotels unweit des namengebenden Grand Théâtre sind ganz unterschiedlich gestylt und in zwei Preiskategorien sowie als Familienzimmer buchbar.

Konzepthotels

163 [D5] **Hôtel de la Presse** €-€€, 8 rue Porte Dijeaux, Tram B: Gambetta, Tel. 0556485388, www.hoteldelapresse.com. **Zentral im Triangle d'Or:** Neben dem kleinen Hotel mit 27 Zimmern in der belebten Fußgängerzone befand sich einst das Zeitungshaus des „Journal Sud-Ouest". Das erklärt den Namen und die Dekoration des Hotels und der Zimmer mit Fotos alter Drucklettern und typografischen Motiven. Das moderne Design mit dem „esprit journaliste" wirkt jung und unkompliziert. Drei Kategorien (Classique, Confort und Prestige) die sich auch im Zimmerpreis bemerkbar machen.

164 [C5] **Mama Shelter** €-€€, 19 rue Poquelin Molière, Tram B: Gambetta, Reservierung Tel. 0175775252, Rezeption Tel. 0557304545, https://mamashelter.com/bordeaux. **Tolle Lage, ausgefallenes Ambiente:** Seit dem riesigen Erfolg des von Philippe Starck gestalteten Designhotels in Paris gibt es Ableger in Istanbul, Lyon, Marseille und auch in Bordeaux. Das Mama Shelter in der ehemaligen GDF-Zentrale (Gas de France) bietet insgesamt 97 Zimmer, darunter kleine zu sehr günstigen Preisen und luxuriösere Kategorien bis hin zu Suiten. Sehr angesagt sind die Rooftop-Bar mit fantastischer Aussicht auf Bordeaux und das belebte Restaurant im offenen Eingangsbereich. Zu den Serviceangeboten gehören ein Gratis-Filmverleih, Mieträder, internationale Zeitschriften und eine „Business Corner".

Stilvoll wohnen

165 [C4] **Hôtel de Tourny** €€, 16 rue Huguerie, Tram B, C, D: Quinconces, Tel. 0556815673, www.hotel-de-tourny.com. **Stilvoll wohnen:** ein schickes kleines Boutiquehotel unweit des Triangle d'Or und des Zentrums. Die 12 komfortablen Zimmer (16–25 m²) in einem historischen Gebäude aus dem 18. Jahrhundert sind in edlen Grau- und Anthrazittönen modern eingerichtet.

166 [C4] **La Cour Carrée** €€, 5 rue de Lurbe, Tram B: Gambetta, Tel. 0557350000, www.lacourcarree.com. **Klein, aber fein:** Das hübsche Boutiquehotel in einer ruhigen Seitenstraße nahe der Place Gambetta residiert in einem umsichtig restaurierten Altbau mit kleinem Innenhof. Die 16 dezenten, minimalistisch-schlicht eingerichteten, klimatisierten Zimmer gibt es in drei Preiskategorien à 12, 16 und 21 m². Den beschränkten Platz machen die zentrale Lage und der freundliche Service wett.

167 [C2] **La Course** €€, 69 rue de la Course, Tel. 0556522807, www.lacourse-bordeaux.fr, Tram C: Paul Doumer. **Mit Dachterrasse:** Jedes der fünf eleganten Zimmer ist individuell gestaltet – in „Seiros" zum Beispiel nächtigt man unterm Glasdach. Zudem gibt es eine tolle Dachterrasse, ein Hammam, Massage-Angebote und Verkostungen.

168 [ci] **La Zoologie** €€€, 151 cours de la Marne, Tel. 0533069917, www.hotelzoologie.com.**Hotel im Fakultätsgebäude:** Für das Hotel wurde ein ehemaliges Institutsgebäude der naturwissenschaftlichen Fakultät stilvoll renoviert. Neben ansprechenden Zimmern in unterschiedlichen Preiskategorien bietet die „Zoologie" Restaurant, Bar, Dachterrasse und Spa.

169 [F6] **Lola** €€, 13 rue des Faures, Tram C, D: Saint-Michel, Tel. 0556922563, www.lolabordeaux.fr. **Lässig und relaxed:** Die vorderen Zimmer des charmanten Boutique-Hotels bieten einen tollen Blick auf die Kirche Saint-Michel, die hinteren in den ruhigen Innenhof. So cool wie die Lage in diesem lebhaften Viertel ist auch die Bar. Die Atmosphäre ist entspannt und das Personal locker, zugewandt und freundlich.

170 [B4] **Maison du Lierre** €€, 57 rue Huguerie, Tram B, C, D: Quinconces, Tel. 0556519271, www.hotel-maisondulierre-bordeaux.com. **Mit Gartenterrasse:** Die charmante Stadtvilla aus dem 18. Jahrhundert in einer ruhigen Seitenstraße bietet eine gemütlich-familiäre Atmosphäre für den Bordeaux-Aufenthalt. Von den 18 klimatisierten Zimmern, hell und mit Akzenten in Grau- und Erdtönen ausgestattet, besitzen sechs eigene kleine Terrassen. Im Sommer können Gäste das Frühstück auf der Gartenterrasse genießen.

Buchungsportale

Neben Buchungsportalen für **Hotels** (z. B. www.booking.com, www.hrs.de oder www.trivago.de) bzw. für **Hostels** (z. B. www.hostelworld.com) gibt es auch Anbieter, bei denen man **Privatunterkünfte** buchen kann. Portale wie www.airbnb.de oder www.wimdu.de vermitteln Wohnungen, Zimmer oder auch nur einen Schlafplatz auf einer Couch. Diese oft recht günstigen Übernachtungsmöglichkeiten sind nicht unumstritten, weil manchmal normale Wohnungen gewerblich missbraucht werden. Einige Städte greifen deshalb regulierend ein.

Gästezimmer

- **Chez Dupont** € (s. S. 66), Tel. 0695157737, www.chez-dupont.com. **Mitten im Chartrons-Viertel:** Das Restaurant Chez Dupont bietet auch acht schöne und originelle Chambres d'hôtes und zwei Suiten im Haus gegenüber an.

171 [C5] **Hôtel Particulier** €€€, 44 rue Vital Carles, Tel. 0557882880, www.lhotel-particulier.com. **Zentral und großzügig:** Die Chambres d'hôtes und zwei Suiten im Hôtel Particulier sind groß und geben dem Gast das Gefühl, in einem Stadtpalais aus dem 19. Jahrhundert zu residieren – was er ja auch tut. Deutlich günstiger sind die fünf Studios im dazugehörigen Apparthôtel.

172 [C2] **La Casa Blanca** €€-€€€, 39 rue de la Course, Tel. 0685727611, www.casablanca-bordeaux.com, Tram B: Paul Doumer. **Verliebt in historische Details:** Fünf sehr große Chambres d'hôtes (35–50 m²), zwei davon mit Terrasse, werden in einem rundum modernisierten Sandstein-Altbau mit Zementfliesen und anderen restaurierten historischen Details an Gäste vermietet. Das Frühstück ist inklusive. Mit Radverleih.

173 [A5] **Les Séraphines** €, 26 rue Séraphin, Tram A: Saint-Bruno Hôtel de Région, Tel. 0772304022, www.les-seraphines.fr. **Jung, bunt, freundlich:** fünf Gästezimmer mit Parkett und farbenfroher Gestaltung.

Ferienwohnungen

Bordeaux Autrement und **Your Bordeaux Home** vermieten als lokale Serviceorganisationen Ferienwohnungen unterschiedlicher Größe und Ausstattung. Die Agenturen sind neben der Abrechnung von Miete und Kaution auch für die Wohnungsübergabe und -abnahme und die Endreinung (gegen Pauschale) zuständig und immer ansprechbar.

- **Bordeaux Autrement,** 120 rue Abbé de l'Epée, 33200 Bordeaux, Tel. 0557894702, www.bordeauxautrement.com
- **Your Bordeaux Home,** Tel. 0789377708, https://yourbordeauxhome.com

Verkehrsmittel

Tram, Bus und Boot

Vier **Tramlinien** erschließen Bordeaux: Linie A in West-Ost-Richtung, die Linien B und C in Nord-Süd-Richtung und Linie D, die vom Zentrum Richtung Nordwesten führt. Zentrale Umsteigestellen zwischen den Tramlinien sind die Stationen Hôtel de Ville (Tram A und B), Porte de Bourgogne (Tram A, C und D) und Quinconces (Tram B, C und D). An Letzterer befinden sich auch eine Information und ein Ticketverkauf. Das rund 70 km und mehr als 120 Haltestellen umfassende Netz soll noch erweitert werden.

Außerdem gibt es 78 **Buslinien,** die die Stadtteile, Vororte und 28 Kommunen im Großraum Bordeaux bedienen.

› Verbindungssuche, Netzpläne, Infos zu Tarifen etc.: www.infotbm.com (auch auf Englisch)

Teil des Nahverkehrsnetzes ist die **Navette fluviale,** der **Batcub** genannte Boots-Shuttle, der insgesamt fünf Haltestellen an beiden Ufern der Garonne anfährt. Wer mag, macht ein selbst organisiertes Sightseeing daraus: Für 3 € (Ticketverkauf an Bord) kann man ein Stück die Garonne flussabwärts fahren, um erst die Fahrt zu genießen und dann gemütlich am linken oder rechten Flussufer zurückzuspazieren.

Es gibt folgende fünf Haltestellen: Stalingrad, Quinconces, Les Hangars, Cité du Vin und Lormont. Plätze für Rollstuhlfahrer sind vorhanden, auch die Mitnahme von Fahrrädern ist möglich. Infos unter www.infotbm.com.

› **Lormont-Quinconces:** Mo.-Fr. 7-19 Uhr, Sa./So. 8-19 Uhr, etwa alle 60 Minuten
› **Stalingrad-Les Hangars:** Mo.-Fr. 9-12 und 14-17 Uhr, Sa./So. 8-19 Uhr, etwa alle 45 Minuten
› **Stalingrad-Quinconces:** Mo.-Fr. 7.30-19 Uhr (April bis September bis 19.30 Uhr), alle 15 bis 45 Minuten
› **Quinconces-Lormont:** tägl. 7.30-19.30 Uhr, alle 45 bis 60 Minuten
› **Stalingrad-Lormont:** Sa. und So. 8.45-20 Uhr sowie Mo. bis Fr. zw. 9 und 11.15 und 14 bis 16.15 Uhr, alle 45 Minuten

065bd-gk

Fahrkarten zieht man am Automaten. In der Tram oder im Bus muss das Ticket **entwertet werden** und beim Umsteigen jeweils unbedingt erneut (selbst bei Wochen-, Monats- oder Jahreskarten). Die Tickets sind bis zu zehn Mal wiederaufladbar, indem man das Ticket in den Automaten steckt und den Betrag zahlt.

Ein Einzelticket gilt für eine Stunde im gesamten Netz, unabhängig von der Zahl der Umstiege. Infos und Tickets erhält man auch in drei Kiosken **(Espace TBM)** an der Place des Quinconces [D3], der Place Gambetta [C5] und im Gare Saint-Jean (s. S. 110).

- **Tarife:** Einzelticket 1,80 €, 2er-Ticket 3,20 €, 10er-Ticket 14,50 € (ermäßigt 8,30 €), Tagesticket 5 €, Abendticket 3 € (gilt 19–7 Uhr), Wochenticket 14,20 €

Zu den öffentlichen Verkehrsmitteln gehören in Bordeaux auch die V3 genannten Leihräder (s. S. 120).

Die moderne Tram entlastet das Zentrum vom Autoverkehr

Auch für die Batcub-Boote reicht ein Tramticket

Mein Tipp

Bordeaux Métropole City Pass

Die Touristenkarte **City Pass,** in der Touristeninformation (s. S. 114) oder online erhältlich, erlaubt unter anderem die unbegrenzte Nutzung der **öffentlichen Verkehrsmittel** (s. S. 14).

Taxis

In Frankreich setzt man sich nicht neben den Fahrer, sondern auf den Rücksitz. Taxis berechnen eine **Grundgebühr** von 2 € und Mo. bis Sa. etwa 1,70 € pro Kilometer, nachts und So. 2,50 € pro Kilometer.

Auch **Uber** ist in Bordeaux unterwegs und über die App des Unternehmens zu bestellen (www.uber.com).

- **Aero Taxi Concorde:** Tel. 0556971127
- **Allo Taxi Bordeaux:** Tel. 0756800945, https://allotaxibordeaux.fr
- **Taxi Aquitaine:** Tel. 0556868030, https://aquitaine-taxi.fr
- **Taxi Phone:** Tel. 0556291025, www.taxiphonebordeaux.fr

Velotaxis

- **Happy Moov,** Tel. 0624160818, www.happymoov.com

066bd-gk

Wetter und Reisezeit

Empfehlenswert als Reisezeit sind vor allem **Frühjahr** und **Herbst.** Schon mit den ersten Sonnentagen erwachen die Terrassen- und Straßencafés zum Leben – im klimatisch begünstigten Bordeaux ist es nicht ungewöhnlich, dass schon im Februar die Stühle ins Freie gestellt werden. Im Mai und Juni sowie September und Oktober herrscht ideales, angenehm warmes Klima (19–24 °C). Die Abende sind noch lang und mild.

Da die Meeresbrise vom Atlantik sich hier nur abgeschwächt bemerkbar macht, kann es im **Hochsommer** mitunter recht heiß in den Straßen werden. Im Juli und August liegt die Durchschnittstemperatur bei 26 °C. Doch bei strahlend sonnigem Sommerwetter ist Bordeaux einfach bezaubernd – mit über 2000 Sonnenstunden pro Jahr übertrifft die Stadt fast alle anderen französischen Städte. Es kann allerdings teils auch recht schwül werden und manch ein Lokal und Geschäft macht Sommerpause.

Auch der milde **Winter** ist als Reisezeit durchaus empfehlenswert. Selten zeigt das Thermometer weniger als 10 °C an, Frosttage oder Schneefälle sind die absolute Ausnahme. Es finden auch interessante Festivals statt, allerdings gibt es in dieser Zeit kaum Direktflüge und auch manche Stadtführungen oder Schiffstouren finden nur im Sommerhalbjahr statt.

Niederschlag fällt vor allem im Winterhalbjahr, doch auch im Sommer ist teils mit Wärmegewittern und Regenschauern zu rechnen.

Detail des Brunnens am Girondistendenkmal (s. S. 36)

Durchschnitt	Wetter in Bordeaux											
Maximale Temperatur	9°	11°	15°	17°	20°	24°	25°	26°	23°	18°	13°	9°
Minimale Temperatur	2°	2°	4°	6°	9°	12°	14°	14°	12°	8°	5°	3°
Regentage	16	13	13	13	14	11	11	12	13	14	15	17
Wassertemperatur	11°	11°	11°	12°	14°	16°	18°	19°	19°	16°	14°	13°
	Jan	Febr	März	Apr	Mai	Juni	Juli	Aug	Sept	Okt	Nov	Dez

ANHANG

076bd-gk

Kleine Sprachhilfe

Die folgenden Wörter und Redewendungen wurden dem Reisesprachführer „Französisch – Wort für Wort“ (Kauderwelsch-Band 40) aus dem Reise Know-How Verlag entnommen.

Lautschrift

Hier sind diejenigen Lautschriftzeichen aufgeführt, deren Aussprache abweichend vom Deutschen ist bzw. sein kann

sh	stimmhaftes „sch“ wie das zweite „g“ in „Garage“
s	stimmhaftes „s“ wie in „Rose“
ß	stimmloses „s“ wie in „Bus“
e	langes „e“ wie in „Tee“
ö	unbetont wie auslautendes „e“ in „Hose“
ã	nasaliertes „a“ wie in „Abonnement“
ẽ	nasalierter „ä“/„ö“-Laut wie in „Mannequin“
õ	nasaliertes „o“ wie in „Beton“

Häufig gebrauchte Wörter und Redewendungen

oui	(ui)	ja
non	(nõ)	nein
merci	(märßi)	danke
s'il vous plaît	(ßilwu plä)	bitte
Salut!	(ßalü)	Hallo!
Salut!	(ßalü)	Tschüss!
Bonjour!	(bõshur)	Guten Tag!
Bonsoir!	(bõßoar)	Guten Abend!
Au revoir!	(oh röwoar)	Auf Wiedersehen!
Pardon! / Excusez-moi!	(pardõ / äxküse-moa)	Entschuldigung!

Die wichtigsten Zeitangaben

hier	(jär)	gestern
aujourd'hui	(oshurdüi)	heute
demain	(dömẽ)	morgen
après-demain	(aprä dömẽ)	übermorgen
le matin	(lö matẽ)	morgens
à midi	(a midi)	mittags
l'après-midi	(laprä midi)	nachmittags
le soir	(lö ßoar)	abends
la nuit	(la nüi)	nachts
tous les jours	(tu le shur)	täglich
avant	(awã)	früher
plus tard	(plü tar)	später
maintenant	(mẽtönã)	jetzt
tôt	(toh)	bald

Zahlen

0	(sero)	*zéro*
1	(ẽ, ün)	*un, une*
2	(dö)	*deux*
3	(troa)	*trois*
4	(katr)	*quatre*
5	(ßẽk)	*cinq*
6	(ßiß)	*six*
7	(ßät)	*sept*
8	(üit)	*huit*
9	(nöf)	*neuf*
10	(diß)	*dix*
11	(õs)	*onze*
12	(dus)	*douze*
13	(träs)	*treize*
14	(kators)	*quatorze*
15	(kẽs)	*quinze*
16	(säs)	*seize*
17	(dißät)	*dix-sept*
18	(dißüit)	*dix-huit*
19	(dißnöf)	*dix-neuf*
20	(wẽ)	*vingt*
30	(trãt)	*trente*
40	(karãt)	*quarante*
50	(ßẽkãt)	*cinquante*
60	(ßwaßãt)	*soixante*
70	(ßwaßãtdiß)	*soixante-dix*
80	(katrwẽ)	*quatre-vingt*
90	(katrwẽdiß)	*quatre-vingt-dix*
100	(ßõ)	*cent*

+++ Die wichtigsten Wörter mit dem Bonus-Audiotrack des Kauderwelsch-

Die wichtigsten Fragewörter

qui?	(ki)	wer?	*comment?*	(komẽ)	wie?
quoi?	(qua)	was?	*combien?*	(kõbiẽ)	wie viel?
où?	(u)	wo?	*quand?*	(kã)	wann?
d'où?	(du)	woher?	*depuis quand?*	(döpüi kã)	seit wann?
où?	(u)	wohin?	*combien de temps?*	(kõbiẽ dö tã)	wie lange?
pourquoi?	(purqua)	warum?			

Die wichtigsten Richtungsangaben

à droite	(a droat)	rechts / nach rechts	*proche / près d'ici*	(prosch / prä dißi)	nah / in der Nähe
à gauche	(a gohsch)	links / nach links	*loin*	(loẽ)	weit
			de retour	(dö rötur)	zurück
tout droit	(tu droa)	geradeaus	*le carrefour*	(karfur)	die Kreuzung
en face	(ã faß)	gegenüber	*le feu*	(fö)	die Ampel
ici	(ißi)	hier	*au coin*	(o koẽ)	an der Ecke
là	(la)	dort	*au centre*	(o ßãtr)	im Zentrum
juste ici	(shüst ißi)	gleich hier	*dehors de la ville*	(döor dö la wil)	außerhalb der Stadt

Die wichtigsten Floskeln und Redewendungen

Soyez le bienvenu! / Soyez la bienvenue!	(ßoaje lö / la biẽwönü)	Herzlich willkommen! (m/w)
Comment allez-vous?	(komãtalewu)	Wie geht es Ihnen?
Ça va?	(ßa wa)	Wie gehts?
Ça va.	(ßa wa)	Danke gut.
Bonne chance!	(bõn schãß)	Viel Erfolg!
Je ne sais pas.	(shö nö ßä pa)	Ich weiß nicht.
Bon appétit!	(bõ apeti)	Guten Appetit!
A votre santé!	(a wotr ßãte)	Zum Wohl!
L'addition, s'il vous plaît!	(ladißjõ, ßilwuplä)	Die Rechnung bitte!
Félicitations!	(felißitaßjõ)	Glückwunsch!
Dommage!	(dohmash)	Schade!
Je suis désolé!	(shö ßüi desole)	Es tut mir sehr leid!
Est-ce qu'il y a ...?	(äß kilja ...)	Gibt es ...?
Est-ce que vous-avez ...?	(äß kö wusawe ...)	Haben Sie ...?
J'ai besoin de ...	(shä bösõ dö ...)	Ich brauche ...
S'il vous plaît, donnez-moi ...	(ßilwuplä, done-moa ...)	Geben Sie mir bitte ...
Où est-ce qu'on peut acheter ...?	(u äß kõ pö aschte ...)	Wo kann man ... kaufen?
Combien coûte ...?	(kõbiẽ kut ...)	Wie viel kostet ...?
Je cherche ...	(shö schärsch ...)	Ich suche ...
Où est ...?	(u ä ...)	Wo ist ...?
Où se trouve ...?	(u ßö truw ...)	Wo befindet sich ...?

Pourriez-vous m'emmener à ...?	(purie wu mãmöne a ...)	Können Sie mich zu/nach ... bringen?
Aidez-moi, s'il vous plaît!	(äde-moa, ßilwuplä)	Helfen Sie mir bitte!
A quelle heure?	(a käl-ör)	Um wie viel Uhr?
Vous permettez?	(wu pärmäte)	Gestatten Sie?

Nichts verstanden? – Weiterlernen!

Je parle seulement un peu.	(shö parl ßölmã ẽ pö)	Ich spreche nur ein bisschen.
Comment?	(komã?)	Wie bitte?
Je n'ai pas / rien compris.	(shö nä pa / riẽ kõpri)	Ich habe nicht / nichts verstanden.
Est-ce que quelqu'un parle anglais?	(äß-kö kälkẽ parl ãglä?)	Spricht hier jemand Englisch?
Comment traduit-on ... en français?	(komã tradüitõ ... ã frãßä?)	Was heißt ... auf Französisch?
Comment prononce-t-on ce mot?	(komã pronõßtõ ßö moh?)	Wie spricht man dieses Wort aus?
Répétez, s'il vous plaît!	(repete, ßilwuplä)	Wiederholen Sie bitte!
Parlez plus lentement, s'il vous plaît!	(parle plü lãtmã, ßilwuplä)	Sprechen Sie bitte langsamer!
Pourriez-vous me l'écrire, s'il vous plaît?	(purie-wu mö lekrir, ßilwuplä?)	Können Sie mir das bitte aufschreiben?

Wochentage

lundi	(lẽdi)	Montag
mardi	(mardi)	Dienstag
mercredi	(märkrödi)	Mittwoch
jeudi	(shödi)	Donnerstag
vendredi	(wẽdrödi)	Freitag
samedi	(ßamdi)	Samstag
dimanche	(dimãsch)	Sonntag

Jahreszeiten

le printemps	(prẽtã)	Frühling
en printemps	(ã prẽtã)	im Frühling
l'été	(ete)	Sommer
en été	(ãn-ete)	im Sommer
l'automne	(ohton)	Herbst
l'hiver	(iwär)	Winter
la saison	(ßäsõ)	Jahreszeit

Monate

janvier	(shãwie)	Januar
février	(fewrie)	Februar
mars	(marß)	März
avril	(awril)	April
mai	(mä)	Mai
juin	(shüẽ)	Juni
juillet	(shüijä)	Juli
août	(ut)	August
septembre	(septẽbr)	September
octobre	(oktobr)	Oktober
novembre	(nowẽbr)	November
décembre	(deßẽbr)	Dezember

Register

Das ist
noch nicht alles!
Mehr Reise Know-How gibt es hier:
www.reise-know-how.de
@ReiseKnowHow
@reiseknowhowverlag
@Reise_KnowHow
auf www.reise-know-how.de
für den Newsletter anmelden
Zugspitze, Foto: Aneta Niemitz
Reisen mit Know-How

Liste der Karteneinträge

029bd-gk

Weltberühmt: das 25.000 Jahre alte Halbrelief der Venus von Laussel im Musée d'Aquitaine 6

Hier nicht aufgeführte Nummern liegen außerhalb der abgebildeten Karten. Ihre Lage kann aber wie die von allen Ortsmarken im Buch mithilfe der Web-App angezeigt werden (s. S. 144).

Impressum

Gabriele Kalmbach

CityTrip Bordeaux

© Reise Know-How Verlag
Peter Rump GmbH
4., neu bearbeitete und aktualisierte Auflage 2024

ISBN 978-3-8317-3804-5

Druck und Bindung:
mediaprint solutions GmbH, Paderborn

Herausgeber: Klaus Werner
Layout: amundo media GmbH (Umschlag, Inhalt), Peter Rump (Umschlag)
Lektorat: amundo media GmbH
Karten: Ingenieurbüro K. Wendler, amundo media GmbH
Anzeigenvertrieb: KV Kommunalverlag GmbH & Co. KG, Alte Landstraße 23, 85521 Ottobrunn, Tel. 089 928096-0, info@kommunal-verlag.de
Kontakt: Osnabrücker Str. 79, 33649 Bielefeld, info@reise-know-how.de

Alle Angaben in diesem Buch sind gewissenhaft geprüft. Preise, Öffnungszeiten usw. können sich jedoch schnell ändern. Für eventuelle Fehler übernehmen Verlag wie Autorin keine Haftung.

Bildnachweis

Umschlagvorderseite: ©Sergii Figurnyi, stock.adobe.com | Umschlagrückseite: ©dudlajzov, stock.adobe.com
Umschlagklappe rechts: Gabriele Kalmbach
Soweit ihre Namen nicht vollständig am Bild vermerkt sind, stehen die Kürzel an den Abbildungen für die folgenden Fotografen, Firmen und Einrichtungen. Gabriele Kalmbach: gk

Bordeaux mit PC, Smartphone & Co.

QR-Code auf dem Umschlag scannen oder **www.reise-know-how.de/citytrip/Bordeaux24** eingeben und die **kostenlose Web-App** aufrufen (Internetverbindung zur Nutzung nötig)!

★**Anzeige der Lage und Satellitenansicht aller** beschriebenen Sehenswürdigkeiten und weiteren Orte
★**Routenführung** vom aktuellen Standort zum gewünschten Ziel
★**Exakter Verlauf** des empfohlenen Stadtspaziergangs
★**Audiotrainer** der wichtigsten Wörter und Redewendungen
★**Updates** nach Redaktionsschluss

GPS-Daten zum Download

Die GPS-Daten aller Ortsmarken und des Spaziergangs stehen auf der Produktseite des Titels auf www.reise-know-how.de zum Download zur Verfügung.

Stadtplan für mobile Geräte

Um den Stadtplan auf Smartphones und Tablets zu nutzen, empfehlen wir die App „Avenza Maps" der Firma Avenza™. Über die Funktion „Store" kann die „Citymap Bordeaux 2024" kostenlos geladen werden.

Die Information über und die Bereitstellung von digitalen Zusatzinhalten (z. B. Web-App, Links, GPS-Tracks o. Ä.) ist eine freiwillige Zusatzleistung des Verlages, auf die kein Anspruch besteht und für deren Richtigkeit aufgrund der Veränderlichkeit solcher Informationen auch nicht gehaftet werden kann. Insbesondere behält sich der Verlag deshalb vor, die Bereitstellung und die Zugriffsmöglichkeit zeitlich zu befristen und den Zugriff hierauf auch vorfristig abzuschalten.

Zeichenerklärung

- 11 Hauptsehenswürdigkeit
- [D3] Verweis auf Planquadrat

- Arzt, Apotheke, Krankenhaus
- Bar
- Bibliothek
- Biergarten, Kneipe
- Brunnen
- Café, Eiscafé
- Denkmal
- Fischrestaurant
- Galerie
- Geschäft, Kaufhaus, Markt
- Hotel, Unterkunft
- Imbiss
- Informationsstelle
- Jugendherberge, Hostel
- Kirche
- Moschee
- Museum
- Musikszene, Disco
- Parkplatz/-haus
- Pension, Chambres d'hôtes
- Polizei
- Post
- Restaurant
- Sonstiges
- Sport-/Spieleinrichtung
- Tramlinien-Halt
- Synagoge
- Theater
- Vegetarisches Restaurant
- Weinstube
- Stadtspaziergang (s. S. 14)

- Shoppingareale
- Gastro- und Nightlife-Areale